SER UM PROFISSIONAL NA INTERNET?

LIVRO 1

Prof. Marcão - Marcus Vinícius Pinto

Aviso de isenção de responsabilidade:

Observe que as informações contidas neste documento são apenas para fins educacionais e de entretenimento. Todos os esforços foram feitos para fornecer informações completas precisas, atualizadas e confiáveis. Nenhuma garantia de qualquer tipo é expressa ou implícita.

Ao ler este texto, o leitor concorda que, em nenhuma circunstância, os autores são responsáveis por quaisquer perdas, diretas ou indiretas, incorridas como resultado do uso das informações contidas neste livro, incluindo, mas não se limitando, a erros, omissões ou imprecisões.

ISBN: **9798328627825**

Selo editorial: Independently published

Prefácio

Bem-vindo ao mundo do empreendedorismo digital, onde as oportunidades são vastas e o potencial de crescimento é ilimitado. "COMO SER UM PROFISSIONAL NA INTERNET" não é apenas mais um curso sobre ganhar dinheiro online, é um trilha de consolidação profissional abrangente e dinâmico que o conduzirá por um caminho de descoberta e realização no universo virtual.

Explorando desde as bases do marketing digital até estratégias avançadas de monetização, este curso é um compêndio de conhecimento essencial para aqueles que desejam prosperar na era da informação.

Ao mergulhar nas páginas a seguir, você será apresentado a uma variedade de formas de rentabilizar seu tempo e talento na internet, seja criando produtos digitais, prestando serviços especializados ou explorando nichos de mercado promissores.

Figura 1 - Seja um milionário do mundo virtual.

Com a revolução tecnológica em pleno curso, não há momento melhor para se lançar no mundo do empreendedorismo online e colher os frutos da inovação e criatividade. Este pequeno livro não apenas oferece um mapa para o sucesso na internet, mas também serve como um mentor que o guiará em sua jornada de crescimento e realização profissional.

Tenho certeza de que o conteúdo aqui presente pode fazer grande diferença na sua vida.

Boa leitura!
Bons aprendizados!
Ganhe muito dinheiro!

Prof. Marcão – Marcus Vinícius Pinto

Influenciador digital
especialista em empreendedorismo, Governança de Dados,
Inteligência Artificial e Arquitetura de Informação.
Fundador, CEO, professor e orientador pedagógico da
MVP Consult.

Para minha amada Andréa,
que pode não estar sempre certa,
mas tem sempre razão.
Prof. Marcão – Marcus Pinto

Sumário

Índice de figuras

"São os passos que fazem os caminhos."

MÁRIO QUINTANA

1   QUE TAL SER UM PROFISSIONAL DA INTERNET.

A Internet se estabeleceu como uma plataforma poderosa que vai muito além de nos conectar com notícias, textos e pessoas distantes. Atualmente, ela se apresenta como um ambiente propício para empreendedorismo e para a consolidação de novas carreiras.

O potencial de alcance, a diversidade de possibilidades e a facilidade de acesso têm transformado a maneira como trabalhamos e nos relacionamos profissionalmente.

Nunca a oportunidade de empreender e construir uma carreira online foi tão evidente como nos dias atuais. No entanto, é fundamental ressaltar que o sucesso nesse ambiente competitivo requer a aplicação de estratégias corretas e eficazes.

A maneira como nos posicionamos, a qualidade do nosso trabalho, a forma como nos relacionamos com o público e a consistência em nossas ações são fatores-chave que influenciam diretamente nos resultados obtidos.

O empreendedorismo digital e a construção de carreiras online exigem um planejamento cuidadoso, uma compreensão profunda do mercado, a capacidade de inovação e de adaptação às mudanças constantes.

É preciso estar aberto a experimentar novas abordagens, aprender com os erros e buscar sempre aprimorar as habilidades necessárias para se destacar em um cenário tão dinâmico e desafiador.

A Internet oferece um vasto leque de oportunidades para aqueles que desejam investir em seus sonhos e projetos profissionais. Sejam freelancers, empreendedores, criadores de conteúdo, profissionais autônomos ou artistas, a possibilidade de construir uma carreira de sucesso na web está ao alcance de todos.

O segredo está em alinhar paixão, dedicação, estratégia e conhecimento técnico para se destacar em meio à concorrência e aproveitar ao máximo o potencial dessa poderosa plataforma.

Em um mundo cada vez mais conectado e digital, a Internet se apresenta como um verdadeiro terreno fértil para quem deseja explorar novas oportunidades e expandir seus horizontes profissionais. É uma via de mão dupla: ao mesmo tempo em que oferece desafios e incertezas, proporciona um ambiente de infinitas possibilidades e potencialidades a serem exploradas.

A capacidade de inovação, a criatividade e a autenticidade são aspectos valorizados nesse cenário, onde a diferenciação e a originalidade podem ser cruciais para o sucesso.

No entanto, é importante ressaltar que o caminho para o sucesso na internet não é isento de desafios. A concorrência é intensa, as exigências dos consumidores são cada vez mais elevadas e as mudanças no mercado acontecem em uma velocidade impressionante.

É por isso fundamental manter-se atualizado, buscar constantemente aprimorar suas habilidades e conhecimentos, e estar aberto a novas oportunidades e parcerias.

Figura 2 – A Internet é mesmo espantosa!

Além disso, a construção de uma carreira sólida na internet requer planejamento, disciplina e comprometimento. É essencial definir metas claras, elaborar um plano de ação consistente e manter-se focado em seus objetivos, mesmo diante das adversidades que certamente surgirão pelo caminho.

Há muitas formas de se ganhar dinheiro online, como marketing de afiliados, criação de lojas online, blogs etc. Um bom motivo para se lançar nesta empreitada é que esta pode ser sua chance de sair da corrida por uma vaga de emprego. Deixando de se submeter a entrevistas estressantes e sem esperança.

Aqui está a sua chance de buscar sua liberdade financeira e se livrar de vínculos torturantes com empregadores que mais exploram do que remuneram.

A Internet é hoje uma plataforma em que muitas pessoas convergem para vender sua força de trabalho. E se você está pensando em começar uma carreira online, então você está com material certo diante dos seus olhos!

Você há de concordar comigo que nem todo mundo precisa de um emprego dentro de um escritório para ganhar a vida. De fato, é cada vez maior a quantidade de profissionais que trabalha de casa e ganha sua vida legalmente através de conteúdo na internet. Milhares de pessoas já estão vivendo assim, seja através de seus blogs, canais de YouTube ou se tornando influencers.

Neste livro vou te orientar sobre como você pode ser uma dessas pessoas.

Você pode iniciar seu negócio da sua casa NESTE MOMENTO.

Você pode começar a faturar dinheiro a partir de agora.

Você vai ter a possibilidade de ter uma vida melhor, com menos estresse e mais liberdade.

Mesmo que nem todas estas formas se adéquem ao seu perfil, não tenho dúvidas que algumas delas serão perfeitas para você. Isso sem levar em conta, que todas essas ideias de ganhar dinheiro na internet são legais e honestas, nada de pirâmide, promessas mentirosas ou coisas desse tipo.

As 19 formas de ganhar dinheiro on-line que vamos tratar são:

1. Produção Digital.
2. Blogueiro.
3. Assistente virtual.
4. Editor De Vídeos.
5. Programa De Afiliados.
6. Freelancer.
7. Narração de Livros em Áudio.
8. Loja Virtual.

9. Sites de compra e venda.
10. Criador de conteúdo para Web.
11. Social Media.
12. Gestão de SEO.
13. Gestão de Tráfego Pago.
14. Copywriter.
15. Edição de Imagens.
16. Venda de Fotografias.
17. Professor particular online.
18. Dropshipping.
19. Impressão sob demanda.

Lembre-se, o único requisito necessário é estar disposto a trabalhar com foco e dedicação para alcançar os resultados que você deseja.

Uma coisa interessante a se observar no mercado de trabalho é que com o passar do tempo e o avanço da tecnologia, é natural que duas situações aconteçam:

- ✓ Algumas profissões, que já existem há mais tempo, são extintas ou substituídas por máquinas.
- ✓ Surgem novas profissões e novas vagas de emprego.

Aqui vou te apresentar e explicar o funcionamento das novas profissões para que você esteja à frente na busca por seus ganhos financeiros.

Claro que tudo envolve riscos, aprendizado, algum investimento financeiro e dedicação, mas seguindo minhas orientações e observando as dicas você tem grande chance de ser bem-sucedido.

Assim, sugiro que você estude as formas para selecionar quais te parecem mais atraentes e estude mais um pouco estas que você selecionou.

Com estas informações acredito que você terá bastante subsídio para escolher "a" forma que fará a diferença na sua vida. É com ela que você vai ganhar muito dinheiro e ser bem-sucedido.

E lembre-se, não há escolha certa ou errada. O futuro está em suas mãos.

Figura 3 – Onde estou, para onde vou?

"Para ser bem-sucedido na internet, você precisa ser focado e trabalhar com paixão, buscando sempre a inovação e o aprendizado contínuo."

Neil Patel[1]

---

[1] Neil Patel é um renomado empreendedor e especialista em marketing digital, conhecido por sua experiência em ajudar empresas a expandir suas marcas e alcançar o sucesso online. Suas insights e estratégias inovadoras têm inspirado milhares de profissionais a se destacarem no ambiente digital, enfatizando a importância do foco, da paixão pelo trabalho e do compromisso com a excelência para alcançar resultados significativos na internet.

2 UMA PERGUNTA: VOCÊ SABE O QUE É SER UM PROFISSIONAL DA INTERNET?

Pode parecer estranho discutir este assunto em um livro, mas, é melhor esclarecer este ponto antes de prosseguirmos para elucidar dúvidas ou expectativas sem fundamento.

Não estou aqui para te vender fórmulas milagrosas que vão te enriquecer do dia para a noite praticamente sem você mover uma palha.

Não é este o caso!

Não quero te iludir dizendo que este é um caminho fácil, mas com certeza é um caminho possível. Exige dedicação e perseverança, mas esse desafio pode te trazer uma grande recompensa.

Sim, eu estou afirmando que não vai ser fácil!

A maioria dos livros e artigos que tratam de profissões na Internet prometem que vai ser a coisa mais tranquila do mundo, mas não é.

Ser um profissional da Internet significa trabalhar em um ambiente que não existe fisicamente. Não tem um escritório, uma sede, uma loja. Seu mundo é virtual. Seu horizonte de trabalho é infinito.

É um profissional que pode produzir e vender qualquer coisa no mundo digital, pode falar e escrever sobre o que quiser.

Uma frase, atribuída a Valdeci Nogueira, que traduz muito bem o que significa a vontade de vencer para um profissional do mundo digital é:

> "A vontade de vencer torna qualquer pessoa diferente das demais porque é ousada, intrépida e determinada, o que na prática, é o que faz toda diferença entre o que é novo e o comum".

O conhecimento é o que fará a diferença entre ser bem-sucedido e ser um perdedor. Considerando que tudo hoje está a um clique para ser acessado, seu conhecimento precisa resultar em algo que resolva as necessidades do seu cliente. Algo que faça diferença na vida dele.

É ser alguém que tem 4 características dominantes:

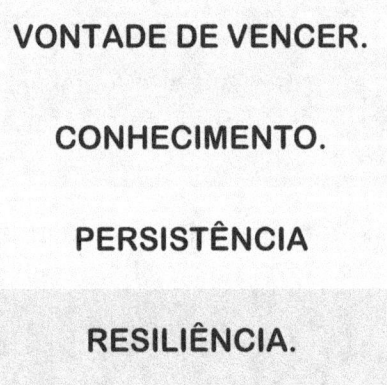

VONTADE DE VENCER.

CONHECIMENTO.

PERSISTÊNCIA

RESILIÊNCIA.

Figura 4 – As 4 características dominantes do profissional da Internet.

A persistência e a resiliência são verdadeiros aliados para os profissionais que almejam o sucesso no desafiador mundo da internet. A perseverança diante dos inúmeros obstáculos que surgem ao longo da carreira é fundamental para superar desafios e alcançar os objetivos almejados.

O ambiente digital é marcado pela falta de ética e por uma competição acirrada, em que o público é volátil e busca sempre a opção mais acessível. Nesse contexto, é essencial manter-se firme e determinado, aprendendo com os fracassos e seguindo em frente com resiliência.

A resiliência, por sua vez, é a capacidade de se adaptar e recuperar após adversidades, permitindo que o profissional não apenas sobreviva, mas também prospere mesmo em circunstâncias desfavoráveis. É a habilidade de lidar com a pressão, a competição e os desafios de forma construtiva, transformando obstáculos em oportunidades de crescimento e aprendizado.

Ao se deparar com situações difíceis, é importante lembrar que a resiliência não é algo inato, mas sim uma competência que pode ser desenvolvida e aprimorada ao longo do tempo.

Para fortalecer sua resiliência, é recomendável cultivar uma rede de apoio consistente, composta por colegas, mentores e amigos que possam oferecer suporte emocional e encorajamento nos momentos de adversidade.

Além disso, a prática da autocompaixão e do autocuidado é essencial para manter a resiliência em alta. Aprender a reconhecer e respeitar suas próprias limitações, priorizar o equilíbrio entre trabalho e vida pessoal, e dedicar tempo para atividades que promovam bem-estar físico e emocional são estratégias fundamentais para fortalecer a capacidade de superar desafios com resiliência.

Um exemplo prático de resiliência e persistência pode ser observado em empreendedores de sucesso que enfrentaram inúmeras adversidades antes de alcançar o reconhecimento e o êxito.

Pessoas como Jeff Bezos, fundador da Amazon, que superou momentos de crise como a bolha da internet no início dos anos 2000 e investiu em inovação e visão de longo prazo para construir uma das empresas mais valiosas do mundo.

Bezos enfrentou críticas, desafios e fracassos ao longo do caminho, mas manteve-se persistente em sua visão e adaptável às mudanças do mercado, demonstrando assim uma notável resiliência em face das adversidades.

Outro ponto importante a considerar é a importância de aprender com os erros e fracassos. A resiliência envolve a capacidade de não desistir diante das dificuldades, mas também de refletir sobre as falhas, identificar oportunidades de aprendizado e ajustar estratégias para seguir em frente com mais assertividade.

Um autor que trata deste tema é Boris Cyrulnik, (Cyrulnik, 2004). Ele propõe o conceito de que a resiliência não é uma competência individual, mas fruto dos vínculos positivos que uma pessoa tece com outras no interior de espaços de convivência sadios. Ou seja, a resiliência incorpora a força da network do profissional.

Podemos resumir então afirmando que ser um profissional da Internet é ser alguém que:

- Trabalha em um ambiente que não existe.

- Produz e vende qualquer coisa.

- Fala e escreve o que quiser.

- Precisa ter vontade de vencer, conhecimento, resiliência e persistência.

Figura 5 – A câmera é a fiel companheira de muitas profissões da internet.

Mas vamos ter calma. Isto não significa que só algumas pessoas abençoadas pelos deuses podem ser estes profissionais. Meu objetivo aqui é te mostrar que você pode ganhar dinheiro na Internet por diversas formas com quase nenhum investimento e sem precisar entrar para uma faculdade caríssima.

Você vai escolher a forma que você quer adotar para ganhar dinheiro e eu vou te mostrar como conseguir realizar seus objetivos.

É importante perceber que independentemente da forma escolhida, você precisa seguir um código de comportamento para evitar colocar sua empreitada em risco.

Já em 2010, o profissional da Internet era conhecido como "profissional 2.0" devido ao fato destas pessoas trabalharem "para" e "com" a Internet e propôs um código de comportamento para estes novos profissionais com 8 itens principais:

1. Responda e-mails. Cada e-mail é importante para a sua rede de relacionamentos, vendas e consultoria.

2. Não atrase para reuniões. Seja virtual ou presencial você precisa ser pontual.

3. Seja articulado. Você precisa dominar a arte da comunicação pois este é um elemento essencial no seu arsenal.

4. Seja elegante. Mesmo se você trabalhar com o público jovem procure ser uma referência de elegância mesmo se seu estilo for mais descolado.

5. Pesquise e escreva. Nada mais atual e engajado do que dominar a língua, os bons modos e o respeito na comunicação.

6. Ajude quem peça ajuda com humildade e sinceridade. Ajude sempre quem te procura para alguma orientação e nunca banque o superior. Isto é de muito mau gosto.

7. Cumpra os prazos sempre. Isto faz com que sua autoridade seja confirmada e você mantenha seus clientes e seguidores.

8. Cultive a network. E lembre-se sempre de que network não é quantidade. É qualidade. Tenha em seu círculo pessoas que realmente te dizem alguma coisa, que compartilham assuntos, interesses, grupos, ideias.

"Referências bibliográficas são como o mapa do tesouro que guia outros pesquisadores pelo caminho percorrido até as descobertas."

3 INTRODUÇÃO AO MUNDO DIGITAL: NAVEGANDO PELA COMPLEXIDADE E OPORTUNIDADES DA INTERNET.

O mundo digital tornou-se um ecossistema complexo e dinâmico, que oferece inúmeras possibilidades para aqueles que desejam construir carreiras significativas e bem-sucedidas online.

Com o avanço da tecnologia e a crescente conectividade, a internet se transformou em um espaço rico em oportunidades de empreendedorismo, criação de conteúdo, networking e aprendizado contínuo.

Figura 6 – Mundo digital e sua complexidade.

Ao adentrar o mundo digital, os profissionais são apresentados a um cenário multifacetado, onde a concorrência é intensa e a velocidade das mudanças é impressionante.

Novas plataformas surgem, tendências se transformam e as demandas dos consumidores se tornam cada vez mais sofisticadas e exigentes. Nesse contexto, é essencial compreender a dinâmica desse ambiente, identificar as oportunidades de crescimento e desenvolvimento, e estar preparado para enfrentar os desafios que surgirem ao longo da jornada profissional online.

Uma das características mais marcantes da internet é a sua capacidade de democratizar o acesso à informação e ao conhecimento.

Por meio de blogs, redes sociais, plataformas de educação online e outras ferramentas digitais, os profissionais têm a oportunidade de compartilhar suas experiências, habilidades e conhecimentos com um público global, alcançando audiências e impactando vidas de forma ampla e significativa.

No entanto, esse cenário de ampla conectividade e possibilidades ilimitadas também requer dos profissionais uma capacidade de adaptação e inovação constantes.

A agilidade para se adaptar às mudanças, a curiosidade para explorar novas tecnologias e tendências, e a criatividade para se destacar em um mercado saturado são habilidades fundamentais para prosperar no ambiente online.

Além disso, a ética e a responsabilidade também desempenham um papel crucial no mundo digital. Os profissionais devem estar cientes dos aspectos éticos envolvidos em suas práticas online, como o respeito à privacidade dos usuários, a transparência nas comunicações e o compromisso com a veracidade das informações compartilhadas.

A confiança e a credibilidade são elementos essenciais para construir relacionamentos sólidos e duradouros com o público, e manter uma postura ética e responsável é fundamental para preservar a reputação e a integridade profissional na internet.

Por fim, ao adentrar no mundo digital, os profissionais têm a oportunidade de explorar novos horizontes, expandir suas habilidades e experiências, e colaborar com uma comunidade global de indivíduos motivados e engajados.

A internet oferece um vasto leque de oportunidades para aprendizado, crescimento e desenvolvimento profissional, permitindo que os profissionais se destaquem, inovem e prosperem em uma era de constante evolução e transformação.

Navegar pela complexidade e oportunidades do mundo digital requer iniciativa, determinação e uma mentalidade orientada para o aprendizado e o crescimento contínuo.

Uma das características essenciais do mundo digital é a conectividade. Através da internet e de outras tecnologias de comunicação, as pessoas podem se conectar instantaneamente, independentemente da distância geográfica, compartilhando ideias, informações, conteúdo multimídia e experiências em tempo real. Essa interconexão global possibilita o surgimento de comunidades virtuais, parcerias internacionais e colaborações criativas que transcendem fronteiras físicas e culturais.

Além da conectividade, o mundo digital é marcado pela acessibilidade e democratização da informação. Plataformas online como mecanismos de busca, redes sociais, blogs e sites de compartilhamento de conteúdo oferecem um vasto leque de recursos e conhecimentos, permitindo que pessoas de diferentes partes do mundo tenham acesso a uma ampla gama de informações, aprendizado e experiências.

Outro aspecto relevante do mundo digital é a rapidez e agilidade com que as informações circulam. Notícias, atualizações, tendências e acontecimentos podem se espalhar rapidamente através das redes sociais e dos meios de comunicação online, influenciando opiniões, comportamentos e decisões em escala global em questão de segundos.

Além disso, o mundo digital é um ambiente propício para o empreendedorismo e a inovação. Empresas e indivíduos têm a oportunidade de criar negócios online, desenvolver produtos e serviços digitais, alcançar novos mercados e estabelecer parcerias estratégicas em um ambiente virtual que oferece infinitas possibilidades de crescimento e expansão.

No entanto, o mundo digital também apresenta desafios e questões complexas, como a segurança da informação, a privacidade dos dados, a desinformação, a dependência excessiva da tecnologia e a exclusão digital. A proteção de dados pessoais, a ética no uso da tecnologia, a promoção da inclusão digital e a conscientização sobre os impactos sociais e ambientais das tecnologias digitais são questões fundamentais que devem ser consideradas e discutidas de forma abrangente na era digital.

É importante compreender que o mundo digital não se restringe apenas à internet, mas abrange um amplo espectro de tecnologias e sistemas digitais, como a inteligência artificial, a internet das coisas, a realidade virtual, a blockchain, entre outras. Essas tecnologias interconectadas e em constante evolução estão transformando não apenas a forma como nos comunicamos e interagimos, mas também a maneira como trabalhamos, aprendemos, consumimos e vivemos no mundo atual.

Nesse sentido, o mundo digital é um cenário multifacetado, repleto de possibilidades e desafios, que exige dos indivíduos e das organizações uma adaptação contínua, uma mentalidade inovadora e uma abordagem ética e responsável no uso das tecnologias. Ao compreender e explorar esse universo de conectividade e oportunidades, os indivíduos podem alavancar suas carreiras, ampliar seus horizontes e contribuir para a construção de uma sociedade digital mais inclusiva, sustentável e centrada no bem-estar coletivo.

Ao abraçar o desafio de se tornar um profissional na internet, os indivíduos se colocam diante de um vasto universo de possibilidades e descobertas que podem impulsionar suas carreiras, ampliar seus horizontes e levá-los a patamares inimagináveis de sucesso e realização profissional. Com determinação, dedicação e uma postura proativa, os profissionais podem transformar os desafios em oportunidades e se tornarem protagonistas de suas próprias trajetórias profissionais no mundo digital.

Assim, o mundo digital representa uma jornada fascinante e inovadora para todos os que buscam explorar novas fronteiras, expandir seus conhecimentos e habilidades, e se adaptar às transformações da era digital. Ao navegar por esse universo complexo e dinâmico, os indivíduos têm a oportunidade de se reinventar, colaborar em projetos significativos e contribuir para a construção de um futuro digitalmente conectado e empoderado para todos.

"Empreendedores são aqueles que entendem que há uma pequena diferença entre obstáculos e oportunidades e são capazes de transformar ambos em vantagem."

Nicolau Maquiavel[2]

---

[2] Nicolau Maquiavel foi um famoso diplomata, filósofo político e escritor italiano nascido em Florença em 1469 e falecido em 1527. Ele é conhecido principalmente por sua obra "O Príncipe" (Il Principe), um tratado político escrito em 1513 durante o período da Renascença.

4 O QUE EVITAR PARA SER BEM-SUCEDIDO NA INTERNET: ESTRATÉGIAS PARA NAVEGAR COM SUCESSO NO MUNDO DIGITAL.

Em um cenário altamente concorrido e dinâmico como o da internet, é fundamental estar atento não apenas às práticas e estratégias que podem impulsionar o seu sucesso, mas também aos erros e armadilhas a serem evitados para garantir uma trajetória de crescimento e progresso online.

Neste contexto, destacamos uma série de elementos a serem evitados para ser bem-sucedido na internet.

4.1 Falta de Consistência e Compromisso.

Ser bem-sucedido na internet como profissional requer não apenas habilidades técnicas e criatividade, mas também um compromisso sólido e consistente com as suas metas e objetivos.

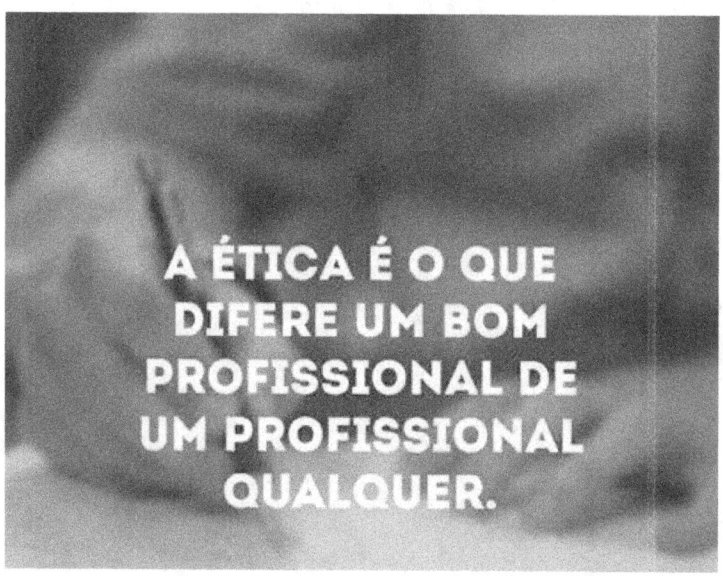

Figura 7 – Ética.

A falta de consistência e compromisso pode se tornar um obstáculo crítico para quem deseja prosperar no mundo digital, prejudicando a construção de uma presença sólida e duradoura online.

A consistência é essencial para manter o engajamento do seu público e conquistar a confiança dos seus seguidores. Publicar conteúdo de forma irregular ou esporádica pode resultar em perda de interesse e visibilidade, afetando a sua credibilidade e autoridade no ambiente online.

Além disso, a falta de compromisso pode levar a um desgaste na relação com os seus seguidores, que esperam por um conteúdo relevante e atualizado consistentemente.

Para superar a falta de consistência e compromisso na sua atuação online, é fundamental estabelecer metas claras e realistas, definir um cronograma de publicação e manter uma agenda regular de atualizações.

Criar um plano de ação com objetivos mensuráveis e prazos bem definidos pode ajudar a manter o foco e a disciplina necessários para alcançar os seus resultados desejados.

Além disso, é importante cultivar o hábito da organização e da gestão eficaz do tempo. Priorizar as tarefas mais importantes, delegar responsabilidades quando necessário e manter o equilíbrio entre trabalho e vida pessoal são elementos-chave para garantir uma atuação consistente e comprometida no ambiente online.

Outra sugestão é buscar o apoio de ferramentas de gestão de conteúdo e redes sociais, que podem facilitar a programação de publicações, o monitoramento do engajamento do público e a análise dos resultados obtidos.

Automatizar processos repetitivos e otimizar a sua produtividade podem contribuir significativamente para manter a consistência e o compromisso com a sua atuação profissional na internet.

A seguir estão mais algumas dicas e sugestões para resolver o problema da falta de consistência e compromisso:

1. Defina sua missão e propósito: tenha clareza sobre o objetivo e propósito do seu trabalho na internet. Isso ajudará a manter o foco e a motivação, mesmo nos momentos de desafios e contratempos.

2. Estabeleça metas alcançáveis: divida seus objetivos em metas menores e alcançáveis, definindo prazos e ações específicas para alcançá-las. Isso ajudará a manter o ritmo e a consistência ao longo do tempo.

3. Crie um calendário de conteúdo: organize um calendário editorial com as datas de publicação, temas de interesse do seu público e formatos de conteúdo a serem explorados. Isso facilitará o planejamento e a distribuição do seu conteúdo de forma consistente.

4. Mantenha a comunicação aberta: esteja aberto ao feedback do seu público e busque constantemente melhorar e aprimorar seu trabalho com base nas sugestões recebidas. O diálogo aberto e transparente ajuda a construir vínculos mais fortes com sua audiência.

5. Aprenda a gerenciar o tempo e as prioridades: desenvolva habilidades de gestão do tempo e defina prioridades claras para suas atividades. Evite a procrastinação e mantenha o foco nas tarefas mais importantes e estratégicas para o seu crescimento profissional.

Ao adotar uma abordagem estratégica, planejada e consistente, você estará no caminho certo para superar a falta de compromisso e alcançar o sucesso na internet como um profissional de destaque.

Lembre-se de que o caminho para o sucesso requer dedicação, esforço e perseverança, e que a consistência e o comprometimento são fatores-chave para construir uma presença online sólida e bem-sucedida.

4.2   Ignorar o público-alvo.

Ignorar o público-alvo é um erro crítico que pode comprometer significativamente o sucesso de profissionais e marcas no ambiente online.

Conhecer e entender o seu público-alvo é fundamental para criar um conteúdo relevante, impactante e engajador, capaz de estabelecer conexões genuínas e duradouras com a audiência.

Ao desconsiderar as preferências, necessidades e interesses do seu público, você corre o risco de perder o engajamento, afastar seguidores e minar as suas iniciativas na internet.

Para evitar essa armadilha e construir uma presença online sólida e bem-sucedida, é essencial dedicar tempo e esforço para conhecer a sua audiência em profundidade.

Algumas dicas e sugestões para compreender e atender às expectativas do seu público-alvo incluem:

1. Pesquisa de mercado: realize pesquisas de mercado para identificar as características demográficas, comportamentais e psicográficas do seu público-alvo. Compreender quem são, o que buscam e como se comportam é essencial para personalizar suas estratégias e conteúdos de acordo com suas necessidades.

2. Feedback e interação: esteja aberto ao feedback e à interação com sua audiência. Escute atentamente as opiniões, críticas e sugestões do seu público, e busque incorporar essas informações em seu trabalho para atender às expectativas e demandas do seu público-alvo.

3. Análise de dados: utilize ferramentas de análise de dados para monitorar o desempenho de suas iniciativas online e obter insights sobre o comportamento e as preferências do seu público. A análise de métricas como engajamento, taxa de cliques e compartilhamentos pode fornecer informações valiosas para ajustar sua estratégia e conteúdo.

4. Personalização e segmentação: adote uma abordagem de personalização e segmentação de conteúdo, direcionando mensagens e ofertas específicas para diferentes segmentos do seu público-alvo. Essa estratégia pode aumentar a relevância do seu conteúdo e o engajamento da audiência.

5. Acompanhamento e ajustes contínuos: este seja proativo em acompanhar de perto o feedback, as métricas e o comportamento do seu público-alvo. Esteja preparado para realizar ajustes e melhorias constantes em suas estratégias, conteúdos e abordagens com base nas informações obtidas.

Ao colocar em prática essas dicas e estratégias, você demonstrará um compromisso genuíno com o seu público-alvo, construindo relacionamentos sólidos e autênticos e aumentando as chances de sucesso nas suas iniciativas online.

Conhecer e entender o seu público-alvo não é apenas uma estratégia de marketing, mas uma demonstração de respeito, empatia e preocupação com as necessidades e interesses da sua audiência.

Ao priorizar o público-alvo em suas ações e decisões, você criará uma base sólida para o crescimento e a consolidação da sua presença online.

Evitar ignorar o público-alvo é essencial para estabelecer uma comunicação eficaz, conquistar a confiança do seu público e alcançar o sucesso online. Esteja sempre atento às necessidades e expectativas do seu público-alvo, adapte suas estratégias e conteúdos de acordo com as preferências identificadas e esteja aberto ao diálogo e à interação para fortalecer os laços com sua audiência.

Figura 8 – A identificação do público-alvo.

Ao priorizar e valorizar o seu público-alvo, você estará no caminho certo para se destacar no ambiente online e alcançar seus objetivos de forma consistente e bem-sucedida.

4.3   Não investir em autoconhecimento.

Não investir em autoconhecimento e desenvolvimento pessoal é um erro grave que pode comprometer significativamente o sucesso de profissionais e marcas no ambiente digital.

No mundo em constante evolução da internet, a aprendizagem contínua e o aprimoramento de habilidades são essenciais para se manter relevante, competitivo e preparado para os desafios e oportunidades que surgem.

O autoconhecimento é o ponto de partida para o desenvolvimento pessoal e profissional. Conhecer suas forças, fraquezas, valores e objetivos é fundamental para traçar um caminho de crescimento significativo e construir uma presença impactante na internet.

Investir em autoconhecimento envolve a reflexão sobre suas motivações, interesses e aspirações, bem como a busca por compreender seus pontos de melhoria e áreas de desenvolvimento.

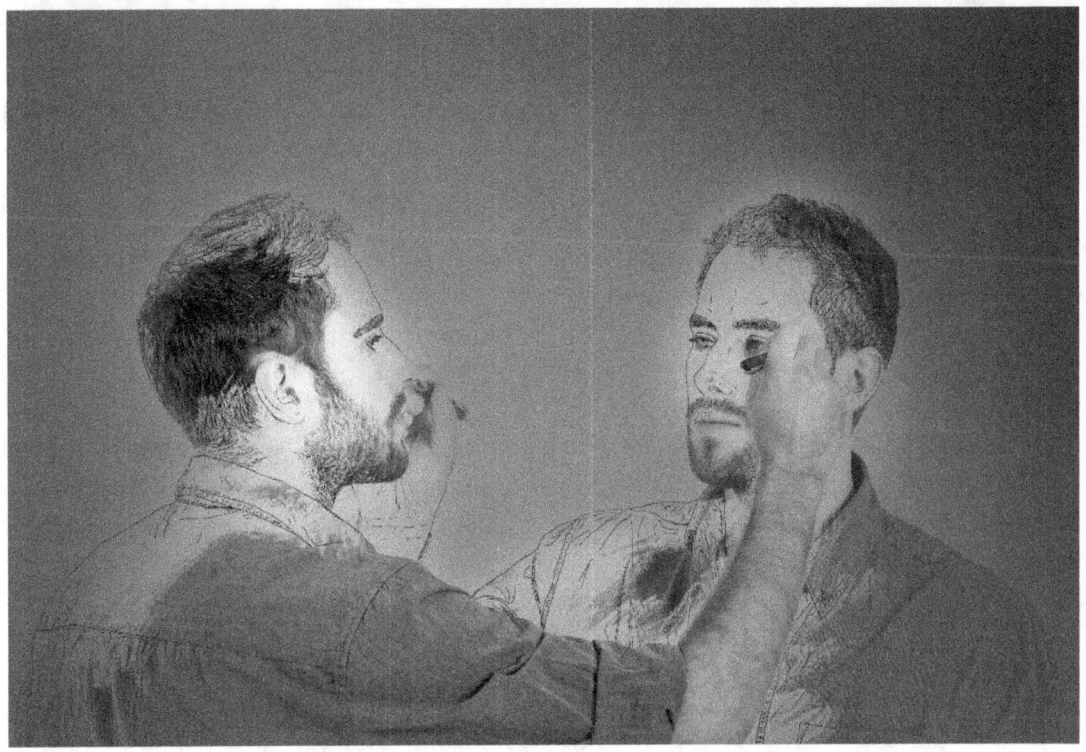

Figura 9 – Autoconhecimento.

Além do autoconhecimento, é crucial investir no aprimoramento de habilidades relevantes para o ambiente digital.

Seja na área de marketing digital, produção de conteúdo, gestão de redes sociais ou qualquer outra disciplina, manter-se atualizado e adquirir novos conhecimentos são essenciais para se destacar e inovar no mercado online.

Algumas dicas e sugestões para investir no seu autoconhecimento e desenvolvimento pessoal incluem:

1. Estabelecer metas de aprendizado: defina metas claras e específicas para o seu desenvolvimento pessoal e profissional na internet. Identifique as áreas que deseja aprimorar e estabeleça um plano de ação para alcançar esses objetivos.

2. Participar de cursos e capacitações: busque cursos, workshops e treinamentos relacionados às suas áreas de interesse e atuação na internet. A educação continuada é uma forma eficaz de adquirir novas competências e aprofundar seu conhecimento em temas relevantes.

3. Buscar mentoria e orientação: procure mentores e profissionais experientes que possam orientá-lo e compartilhar suas experiências no ambiente online. O aprendizado por meio da troca de conhecimentos e experiências é uma oportunidade valiosa de crescimento e desenvolvimento pessoal.

4. Ler livros e artigos especializados: dedique tempo para a leitura de livros, artigos, blogs e conteúdos especializados sobre o seu nicho de atuação na internet. A expansão do conhecimento por meio da leitura é uma maneira poderosa de adquirir insights, inspirações e novas perspectivas que podem impulsionar o seu desenvolvimento profissional.

5. Praticar a autorreflexão: reserve momentos para a autorreflexão e o autoquestionamento sobre suas ações, decisões e resultados alcançados. A autocrítica construtiva e a análise dos seus desafios e conquistas podem contribuir para um crescimento pessoal e profissional mais significativo.

6. Explorar novas oportunidades: esteja aberto a novas experiências, desafios e oportunidades de aprendizado. A experimentação e a busca por novos desafios são essenciais para expandir seus horizontes e descobrir novas habilidades e talentos.

Investir em autoconhecimento e desenvolvimento pessoal é essencial para se destacar e prosperar no ambiente digital. Ao priorizar o aprendizado contínuo, aprimorar suas habilidades e ampliar sua visão de mundo, você se preparará para enfrentar os desafios e oportunidades do mercado online com confiança, criatividade e excelência.

O investimento em si mesmo é o melhor caminho para alcançar o sucesso e a realização profissional na internet. Coloque em prática essas dicas e sugestões e esteja sempre em busca de crescimento e evolução como profissional digital.

4.4   Falta de autenticidade e transparência.

A falta de autenticidade e transparência é um problema crítico que pode comprometer a credibilidade e a confiança de profissionais e marcas no ambiente digital.

Em um mundo virtual onde a concorrência é acirrada e a atenção do público é disputada, ser autêntico, transparente e genuíno em suas interações e comunicações é essencial para se destacar e construir relacionamentos sólidos e duradouros com o seu público.

Figura 10 – Autenticidade e transparência.

A autenticidade refere-se à capacidade de expressar quem você realmente é, com sinceridade e verdade. Ser autêntico no ambiente online significa não apenas compartilhar o seu trabalho e conteúdo, mas também mostrar sua personalidade, valores e crenças de forma genuína.

A transparência, por sua vez, está relacionada à honestidade e clareza em suas ações e comunicações, evitando enganos, manipulações e falta de informação.

Algumas dicas e sugestões para cultivar a autenticidade e transparência em sua presença online incluem:

1. Seja verdadeiro consigo mesmo: conheça seus valores, princípios e identidade pessoal e profissional. A partir disso, alinhe suas ações e comunicações com quem você realmente é, sem tentar ser algo que não condiz com sua essência.

2. Compartilhe sua história: conte sua jornada, experiências, desafios e conquistas de maneira autêntica e inspiradora. A narrativa pessoal é uma poderosa ferramenta para conectar-se emocionalmente com o seu público e construir conexões genuínas.

3. Seja honesto e transparente: mantenha a honestidade e a transparência em todas as suas interações e comunicações. Evite informações enganosas, práticas duvidosas e falta de clareza em suas mensagens.

4. Valorize o feedback e o diálogo: esteja aberto ao feedback do seu público e promova o diálogo e a interação em suas plataformas online. Escute atentamente as opiniões e sugestões do seu público e demonstre gratidão pela confiança e participação deles.

5. Estabeleça relações baseadas na confiança: construa relacionamentos sólidos e baseados na confiança com o seu público. Seja consistente em suas ações, cumpra suas promessas e demonstre integridade em todas as suas interações online.

6. Seja vulnerável e humano: mostre sua vulnerabilidade e humanidade em suas comunicações. Compartilhar momentos de fracasso, desafios e superação pode aproximar você do seu público e demonstrar que você é uma pessoa real, com experiências reais.

7. Evite a comparação e a imitação: concentre-se em ser autêntico e original, evitando a comparação e a imitação de outros profissionais ou marcas. Busque desenvolver sua própria voz, estilo e identidade única no ambiente online.

Cultivar a autenticidade e transparência em sua atuação online é um diferencial importante para construir uma presença sólida e confiável na internet. Ao ser verdadeiro, genuíno e transparente em suas interações e comunicações, você fortalecerá a sua credibilidade, conquistando a confiança do seu público e construindo relacionamentos sólidos e duradouros.

A autenticidade e a transparência são valores essenciais no mundo digital, onde a confiança e a credibilidade são cada vez mais valorizadas pelos usuários. Ao investir na construção de uma presença autêntica e transparente na internet, você pavimentará o caminho para o sucesso e o reconhecimento como um profissional de destaque e respeitado no ambiente online.

Coloque em prática essas dicas e sugestões e siga sendo verdadeiro consigo mesmo e com seu público em todas as suas interações digitais.

4.5   Não se adaptar às mudanças.

Não se adaptar às mudanças é um dos maiores erros que um profissional ou uma marca pode cometer no ambiente digital. O mundo online está em constante evolução, com novas tendências, tecnologias e demandas do mercado surgindo a todo momento.

Figura 11 – Adaptação às mudanças.

Ignorar ou resistir a essas mudanças pode levar à obsolescência, estagnação e perda de relevância no cenário digital.

A capacidade de adaptação é fundamental para o sucesso online, pois permite que profissionais e marcas se ajustem às demandas e transformações do ambiente digital, mantendo-se relevantes e competitivos.

Para evitar esse erro e garantir a relevância no mundo digital, é importante estar atento às mudanças, ser proativo na busca por inovações e estar aberto a experimentar e adotar novas estratégias e tecnologias.

Algumas dicas e sugestões para se adaptar às mudanças e inovações no ambiente digital incluem:

1. Fique atualizado: mantenha-se informado sobre as novas tendências, tecnologias e práticas emergentes no mercado. Acompanhe blogs, sites especializados, eventos e palestras para se manter atualizado sobre o que está acontecendo no mundo digital.

2. Experimente e teste: esteja aberto a experimentar novas estratégias, ferramentas e abordagens em sua atuação online. Teste diferentes formatos de conteúdo, plataformas e metodologias para descobrir o que funciona melhor para o seu público e sua marca.

3. Aprenda com os erros: não tenha medo de cometer erros ao tentar algo novo. Aprenda com essas experiências, ajuste sua abordagem e use os insights obtidos para melhorar e inovar em suas estratégias futuras.

4. Esteja atento ao feedback: escute atentamente o feedback do seu público, clientes e parceiros. Use essas informações para identificar oportunidades de melhoria, ajustar suas práticas e alinhar suas ações com as necessidades e expectativas do mercado.

5. Mantenha a mente aberta: esteja disposto a questionar suas crenças e práticas atuais, e esteja aberto a aprender e se adaptar a novas perspectivas e abordagens. Esteja sempre em busca de conhecimento, seja humilde para reconhecer que nem sempre tem todas as respostas e esteja aberto a novas ideias e conceitos que possam impulsionar o seu crescimento no ambiente digital.

6. Networking e parcerias: cultive relacionamentos profissionais sólidos e esteja aberto a parcerias estratégicas que possam trazer novas oportunidades e insights para o seu negócio. O networking com outros profissionais do seu setor e a colaboração com parceiros podem ajudar a se manter atualizado e adaptado às mudanças do mercado.

Mantenha uma mentalidade de crescimento: adote uma mentalidade de crescimento contínuo, em que você esteja sempre buscando aprender, evoluir e se adaptar às novas circunstâncias. Encare as mudanças como oportunidades de crescimento e desenvolvimento, e esteja pronto para se reinventar conforme necessário.

Em um mundo digital em constante transformação, a capacidade de se adaptar às mudanças e inovações é um diferencial crucial para o sucesso. Ao permanecer flexível, curioso e aberto a novas possibilidades, você se preparará para enfrentar os desafios do ambiente online e posicionar-se de forma sólida e relevante no mercado digital.

Esteja atento às mudanças, seja proativo na busca por inovação e esteja sempre pronto para evoluir e se adaptar em resposta aos novos cenários e demandas do mundo digital.

4.6   Escassez de planejamento e estratégia.

A escassez de planejamento e estratégia é um dos erros mais comuns e prejudiciais no ambiente digital. Uma estratégia bem definida é fundamental para orientar as ações, metas e iniciativas de profissionais e marcas na internet, garantindo um direcionamento claro e eficaz para alcançar o sucesso.

Figura 12 Falta de planejamento.

A falta de um plano estruturado, metas claras e uma abordagem estratégica pode resultar em ações dispersas, desperdício de recursos e resultados aquém do esperado.

Para evitar esse erro e garantir o sucesso de suas atividades online, é essencial investir tempo e esforço em um planejamento estratégico sólido e alinhado com os objetivos e expectativas do seu negócio. Algumas dicas e sugestões para a elaboração de uma estratégia eficaz no ambiente digital incluem:

1. Definição de objetivos claros: estabeleça objetivos específicos, mensuráveis, alcançáveis, relevantes e com prazo determinado (metodologia SMART) para orientar suas ações e medir o sucesso das suas iniciativas na internet.

2. Análise do cenário e público-alvo: realize uma análise detalhada do cenário digital em que atua, bem como do seu público-alvo. Compreender o ambiente competitivo, as tendências do mercado e as necessidades e interesses do seu público é essencial para desenvolver uma estratégia eficaz e direcionada.

3. Definição de canais e estratégias: identifique os melhores canais e plataformas para alcançar o seu público-alvo e estabeleça as estratégias adequadas para cada um deles. A escolha dos canais adequados e a personalização das estratégias de acordo com cada plataforma são essenciais para maximizar o impacto das suas ações online.

4. Elaboração de um plano de ação: desenvolva um plano de ação detalhado, com tarefas específicas, responsáveis, prazos e recursos necessários para a implementação da estratégia. Um plano bem estruturado e organizado ajuda a garantir a execução eficaz das atividades e o acompanhamento dos resultados.

5. Monitoramento e análise de dados: estabeleça métricas de acompanhamento e análise de dados para avaliar o desempenho e os resultados das suas ações online. A mensuração dos resultados é essencial para identificar o que está funcionando bem, o que pode ser aprimorado e tomar decisões embasadas para otimizar a sua estratégia.

6. Flexibilidade e adaptação: esteja aberto a ajustar e adaptar a sua estratégia conforme necessário. O ambiente digital é dinâmico e sujeito a constante mudança, por isso é importante ter flexibilidade para modificar suas

abordagens, explorar novas oportunidades e responder de forma ágil às demandas do mercado.

7. Integração e consistência: garanta a integração e consistência das suas ações e mensagens em todos os canais e plataformas digitais. Uma abordagem integrada e coesa contribui para fortalecer a sua marca, gerar confiança no seu público e maximizar a eficácia das suas iniciativas online.

Investir em um planejamento estratégico bem elaborado e executar suas ações com base em uma abordagem planejada e direcionada é essencial para alcançar o sucesso na internet. Ao estabelecer metas claras, identificar as melhores práticas, medir resultados e adaptar estratégias conforme necessário, você construirá as bases para uma presença online eficaz, impactante e bem-sucedida.

Coloque em prática essas dicas e orientações para garantir que suas atividades online sejam direcionadas, eficientes e alinhadas com os objetivos do seu negócio.

4.7   Negligenciar a qualidade e relevância do conteúdo.

Negligenciar a qualidade e relevância do conteúdo é um erro grave que pode impactar significativamente a presença e o sucesso de profissionais e marcas na internet. Em um cenário digital cada vez mais saturado e competitivo, a produção de conteúdo de valor, originalidade e relevância é fundamental para atrair e manter a atenção do público, construir credibilidade e autoridade, e conquistar a fidelidade dos seguidores.

A qualidade do conteúdo é um dos principais fatores que influenciam a percepção e a conexão do seu público com a sua marca. Produzir conteúdo relevante, informativo, interessante e bem elaborado é essencial para gerar engajamento, atrair novos seguidores e fortalecer o relacionamento com a sua audiência.

Além disso, a originalidade do conteúdo é importante para diferenciar sua marca da concorrência e demonstrar sua singularidade e expertise no mercado.

Algumas dicas e sugestões para garantir a qualidade e relevância do seu conteúdo online incluem:

1. Conheça o seu público-alvo: entenda as necessidades, interesses e preferências do seu público para produzir conteúdo que seja relevante e valioso para eles. Personalizar o conteúdo de acordo com as características e

demandas do seu público é essencial para gerar engajamento e conexão emocional.

2. Mantenha-se atualizado: esteja sempre em busca de informações e conhecimentos relevantes para a sua área de atuação. Acompanhe as tendências, novidades e melhores práticas do mercado para produzir conteúdo atualizado e alinhado com as expectativas do seu público.

3. Invista na diversidade de formatos: experimente diferentes formatos de conteúdo, como vídeos, infográficos, podcasts, postagens em redes sociais, entre outros. A diversidade de formatos ajuda a cativar a atenção do público, gerar mais interação e ampliar o alcance da sua mensagem.

4. Priorize a originalidade e a autenticidade: busque criar conteúdo que seja único, autêntico e reflexo da sua identidade e valores. Evite copiar ou imitar conteúdos de outras fontes e busque inovar, trazendo perspectivas e abordagens originais para os temas que você aborda. A originalidade do seu conteúdo é um diferencial importante para atrair a atenção do público, gerar compartilhamentos e fortalecer a sua marca no ambiente online.

5. Garanta a qualidade visual e textual: a apresentação visual e textual do seu conteúdo também é fundamental para a sua eficácia e impacto. Invista na qualidade das imagens, design, formatação e redação do seu conteúdo para garantir uma experiência agradável e atrativa para o seu público.

6. Valorize a consistência e frequência: mantenha uma frequência de publicações consistente e estabeleça um calendário editorial para garantir a regularidade e continuidade do seu conteúdo. A consistência na produção de conteúdo ajuda a construir uma audiência engajada e fiel ao longo do tempo.

7. Meça e analise os resultados: utilize métricas e ferramentas de análise para medir o desempenho e os resultados do seu conteúdo. A análise de dados é essencial para identificar o que está funcionando bem, o que pode ser melhorado e tomar decisões embasadas para otimizar as suas estratégias de conteúdo.

Investir na qualidade e relevância do seu conteúdo é essencial para se destacar na internet, cativar o público e construir uma presença online sólida e impactante.

Ao priorizar a produção de conteúdo de valor, originalidade e relevância, você agregará significado e impacto às suas mensagens, fortalecendo a sua marca e estabelecendo uma conexão genuína com o seu público.

Figura 13 - Negligenciar a qualidade do conteúdo.

Coloque em prática essas dicas e orientações para garantir que o seu conteúdo se destaque pela sua excelência e relevância no ambiente digital.

Não gerenciar adequadamente a presença nas redes sociais.

Não gerenciar adequadamente a presença nas redes sociais é um erro comum que pode ter graves consequências para indivíduos e marcas no ambiente digital. As redes sociais desempenham um papel fundamental na construção e manutenção da presença online, no engajamento com o público e na construção da reputação digital.

Ignorar o gerenciamento adequado das redes sociais, não interagir com os seguidores e não monitorar a reputação online podem resultar em impactos negativos na sua imagem e credibilidade na internet.

Para evitar esse erro e garantir uma presença eficaz e positiva nas redes sociais, é essencial adotar boas práticas de gestão de redes sociais e estar atento ao engajamento com o público.

Algumas dicas e sugestões para gerenciar adequadamente a presença nas redes sociais incluem:

1. Defina uma estratégia de redes sociais: estabeleça objetivos claros, identifique o seu público-alvo, escolha as plataformas adequadas e desenvolva uma estratégia de conteúdo e interação para as suas redes sociais. Uma estratégia bem definida ajuda a orientar suas ações e maximizar o impacto das suas atividades nas redes sociais.

2. Mantenha uma presença ativa e consistente: mantenha uma presença regular e consistente nas redes sociais, compartilhando conteúdo relevante, interagindo com os seguidores e mantendo um diálogo aberto com a sua audiência. A consistência na publicação de conteúdo e na interação com o público ajuda a construir uma comunidade engajada e fortalecer a sua presença online.

3. Promova o engajamento e a interação: incentive o engajamento dos seguidores, respondendo a comentários, mensagens e interações, realizando enquetes, promovendo concursos e incentivando a participação ativa do público. engajamento é essencial para construir relacionamentos sólidos e conectar-se de forma genuína com o seu público nas redes sociais.

4. Monitore e analise o desempenho: utilize ferramentas de análise e monitoramento para avaliar o desempenho e os resultados das suas atividades nas redes sociais. Acompanhe métricas como alcance, engajamento, crescimento de seguidores e sentimentos do público para medir a eficácia das suas estratégias e identificar oportunidades de melhoria.

5. Seja autêntico e transparente: cultive uma presença autêntica e transparente nas redes sociais, sendo verdadeiro e genuíno em suas interações e compartilhando conteúdo que reflita a sua identidade e valores. A autenticidade é valorizada pelos seguidores e contribui para construir confiança e credibilidade na sua presença online.

6. Gerencie crises e feedback negativo com responsabilidade: esteja preparado para lidar com crises e situações de feedback negativo nas redes sociais com responsabilidade e transparência. Responda de forma rápida e profissional, ouvindo as preocupações do público e buscando solucionar os problemas de forma adequada.

Esteja aberto ao aprendizado contínuo: esteja sempre aberto ao aprendizado contínuo e à evolução das práticas de gestão de redes sociais. Acompanhe as tendências, inovações e melhores práticas do mercado para aprimorar constantemente a sua estratégia e otimizar a sua presença nas redes sociais.

Gerenciar adequadamente a presença nas redes sociais é essencial para construir uma imagem positiva, fortalecer a conexão com o público e impulsionar o crescimento da sua marca no ambiente digital.

Ao adotar uma abordagem estratégica, consistente, autêntica e responsável na gestão das suas redes sociais, você construirá os alicerces para uma presença online sólida, relevante e bem-sucedida. Coloque em prática essas dicas e orientações para otimizar o gerenciamento das suas redes sociais e potencializar os resultados da sua presença online.

4.8   Desconsiderar a importância do networking e das parcerias.

Desconsiderar a importância do networking e das parcerias estratégicas na internet é um erro que pode limitar significativamente o crescimento e o sucesso de profissionais e marcas no ambiente digital.

O networking e as parcerias são fundamentais para ampliar o alcance, estabelecer credibilidade, acessar novas oportunidades e impulsionar o crescimento nos negócios online.

Construir relacionamentos sólidos, colaborar com outros profissionais e estabelecer parcerias estratégicas são estratégias-chave para expandir sua rede de contatos, trocar conhecimentos e experiências, e fortalecer sua presença e influência no mercado digital.

Além disso, o networking e as parcerias podem abrir portas para novas oportunidades de negócios, parcerias comerciais e colaborações que podem impulsionar o crescimento e a visibilidade da sua marca na internet.

Para evitar este erro e maximizar o potencial do networking e das parcerias estratégicas no ambiente digital, considere as seguintes dicas e sugestões:

1. Participe de eventos e comunidades online: esteja presente em eventos, conferências, webinars e grupos online relacionados ao seu setor de atuação. Networking online é fundamental para expandir sua rede de contatos, conhecer novas pessoas e estabelecer conexões importantes no meio digital.

2. Mantenha contato com profissionais do seu setor: cultive relacionamentos com outros profissionais e influenciadores do seu nicho de mercado. Interaja regularmente com eles nas redes sociais, compartilhe conteúdo relevante, participe de discussões e esteja aberto a trocar conhecimento e experiências.

3. Busque oportunidades de colaboração: esteja aberto a colaborar com outros profissionais, marcas ou influenciadores em ações conjuntas, como cocriarão de conteúdo, promoção cruzada, webinars ou eventos em parceria. A colaboração pode ampliar seu alcance e gerar novas oportunidades de negócio.

4. Identifique oportunidades de parcerias estratégicas: procure identificar potenciais parceiros que complementem o seu negócio e possam agregar valor à sua marca. Estabeleça parcerias estratégicas que permitam expandir sua oferta de produtos ou serviços, acessar novos mercados, aprimorar a experiência do cliente ou alcançar objetivos específicos de negócio.

5. Seja proativo e genuíno nas interações: ao construir seu networking e estabelecer parcerias, seja proativo ao iniciar conversas, apresentar-se e compartilhar interesses em comum. Seja genuíno e autêntico em suas interações, mostrando interesse genuíno nas pessoas e nas possibilidades de colaboração.

6. Mantenha um contato constante e agradecimento`: após estabelecer conexões e parcerias, é essencial manter um contato constante, acompanhar o progresso das relações e expressar gratidão pelas oportunidades de colaboração. Manter uma comunicação aberta e transparente é fundamental para fortalecer e nutrir os relacionamentos ao longo do tempo.

7. Esteja aberto a novas oportunidades e aprendizados: esteja sempre aberto a novas oportunidades de networking e parcerias, mesmo fora do seu círculo

imediato de contatos. Esteja disposto a aprender com os outros e a explorar novas possibilidades de colaboração que possam impulsionar o crescimento e o sucesso do seu negócio.

Ao valorizar o networking e as parcerias estratégicas no ambiente digital, você ampliará suas conexões, fortalecendo sua presença online e abrindo novas portas para o crescimento e a inovação nos negócios.

Ao construir relacionamentos sólidos, colaborar com outros profissionais e explorar oportunidades de parceria, você fortalecerá sua posição no mercado e ampliando o potencial de sucesso na internet.

Coloque em prática essas dicas e orientações para maximizar o potencial do networking e das parcerias estratégicas na sua jornada digital.

4.9   Falta de resiliência e persistência.

A falta de resiliência e persistência é um erro comum que pode impedir o sucesso de profissionais e marcas na internet. O caminho para alcançar os objetivos online nem sempre é fácil e está repleto de desafios, obstáculos e momentos de incerteza.

A resiliência e a persistência são qualidades essenciais para superar essas adversidades, resistir à pressão, aprender com os fracassos e seguir em frente em busca do sucesso.

Desistir prematuramente diante dos desafios ou obstáculos encontrados no ambiente digital pode limitar o seu potencial de crescimento e comprometer a conquista dos seus objetivos online.

A resiliência, a capacidade de se adaptar às mudanças e a determinação em persistir mesmo diante das dificuldades são fundamentais para superar as adversidades e alcançar o sucesso na internet.

Para superar a falta de resiliência e persistência e fortalecer essas habilidades no ambiente digital, considere as seguintes dicas e sugestões:

1. Cultive uma mentalidade de crescimento: desenvolva uma mentalidade de crescimento, que valoriza o aprendizado, a melhoria contínua e a resiliência diante dos desafios. Encare os obstáculos como oportunidades de

aprendizagem e crescimento, e esteja disposto a se adaptar e evoluir ao longo do caminho.

2. Estabeleça metas claras e realistas: defina metas claras, alcançáveis e mensuráveis para orientar suas ações e manter o foco no que é realmente importante. Estabelecer objetivos concretos ajuda a manter a motivação e a direcionar seus esforços em busca do sucesso.

3. Mantenha a disciplina e a consistência: mantenha a disciplina e a consistência em suas ações e práticas no ambiente digital. Estabeleça uma rotina de trabalho eficiente, seja organizado na gestão das suas tarefas e comprometa-se a manter uma abordagem constante e persistente em direção aos seus objetivos.

4. Aprenda com os fracassos e obstáculos: encare os fracassos e obstáculos como oportunidades de aprendizado e crescimento. Ao invés de desanimar diante dos desafios, reflita sobre as lições que podem ser extraídas de cada experiência, identifique áreas de melhoria e utilize esses aprendizados para se fortalecer e seguir em frente com mais conhecimento e confiança.

5. Busque apoio e orientação: não tenha receio de pedir ajuda, buscar apoio e orientação de colegas, mentores, especialistas ou profissionais do seu ramo de atuação. Compartilhar experiências, receber feedback construtivo e colaborar com outros pode ser fundamental para fortalecer sua resiliência e superar os desafios com mais confiança.

6. Mantenha o foco no longo prazo: lembre-se de que o sucesso na internet muitas vezes é resultado de um trabalho consistente, persistente e de longo prazo. Mantenha o foco nos seus objetivos de maneira estratégica, esteja preparado para enfrentar os altos e baixos do caminho e mantenha a visão de futuro para continuar em direção ao sucesso.

7. Celebre as conquistas e progressos: reconheça e celebre suas conquistas, por menores que sejam, ao longo do caminho. Comemorar cada passo rumo aos seus objetivos ajuda a manter a motivação, reforça sua autoconfiança e proporciona energia positiva para enfrentar os desafios e obstáculos que possam surgir.

Ao cultivar a resiliência e persistência no ambiente digital, você fortalecerá suas habilidades para enfrentar os desafios, superar os obstáculos e alcançar o sucesso em seus empreendimentos online.

Lembre-se de que o caminho para o sucesso na internet pode ser desafiador, mas com determinação, perseverança e resiliência, você estará mais preparado para superar as adversidades e alcançar seus objetivos e sonhos no ambiente digital.

Busque fortalecer essas qualidades em si mesmo e mantenha-se firme em sua jornada rumo ao sucesso online.

"A inovação distingue um líder de um seguidor."

Steve Jobs[3]

---

[3] Steve Jobs é uma figura icônica e cofundador da Apple Inc., sendo amplamente reconhecido por sua visão revolucionária e liderança no setor de tecnologia. Sua abordagem inovadora na criação de produtos como o iPhone, iPad e MacBook transformou diversas indústrias e moldou a forma como interagimos com a tecnologia no cotidiano. Jobs é reverenciado não apenas por suas contribuições técnicas, mas também por sua capacidade de impulsionar a inovação e desafiar o status quo, inspirando líderes e empreendedores ao redor do mundo.

5 A Internet como Local de Trabalho: Uma Revolução nas Profissões.

A internet transformou-se em um local de trabalho dinâmico e essencial, remodelando a maneira como as pessoas exercem suas profissões e oferecendo oportunidades sem precedentes de crescimento, inovação e flexibilidade.

Nos últimos anos, a ascensão das tecnologias digitais e a expansão do acesso à internet revolucionaram diversos setores, permitindo que indivíduos criem e mantenham carreiras inteiramente online.

Figura 14 - A Internet como local de trabalho.

5.1 O Surgimento do Trabalho Online.

Com o advento da internet, profissões que antes eram limitadas ao espaço físico migraram para o cenário digital. Desde o início dos anos 2000, plataformas e ferramentas online começaram a emergir, facilitando a comunicação, a colaboração e a troca de informações de maneira global.

O trabalho remoto, que antes era uma exceção em algumas indústrias, tornou-se uma norma, estimulado pela pandemia de COVID-19 que acelerou essa mudança.

O home office, ou trabalho em casa, é uma das manifestações mais visíveis dessa transformação. Com a necessidade de distanciamento social, muitas empresas adotaram rapidamente o trabalho remoto, descobrindo que, em muitos casos, a produtividade não apenas se manteve, mas aumentou.

O home office oferece inúmeras vantagens, como flexibilidade de horários, redução do tempo de deslocamento e a possibilidade de criar um ambiente de trabalho personalizado.

Figura 15 – Home Office.

No entanto, também traz desafios, como a necessidade de uma maior autodisciplina, a gestão eficaz do tempo e a separação entre vida profissional e pessoal.

Adicionalmente, a internet proporciona uma vasta quantidade de recursos educativos e ferramentas que facilitam o desenvolvimento profissional contínuo. Cursos online, webinars, tutoriais e comunidades de prática são apenas alguns dos muitos recursos disponíveis que capacitam os profissionais a se manterem atualizados com as últimas tendências e habilidades necessárias em seus campos.

5.2   Vantagens do Trabalho na Internet.

Uma das principais vantagens do trabalho na internet é a flexibilidade. Profissionais podem trabalhar de qualquer lugar do mundo, desde que tenham uma conexão confiável à internet.

Isso possibilita um equilíbrio melhor entre vida pessoal e profissional, permitindo que as pessoas escolham horários e locais de trabalho que sejam mais convenientes para elas.

Outra vantagem significativa é o acesso a um mercado global. Ao contrário dos empregos tradicionais, cuja base de clientes ou empregadores é geralmente local ou regional, a internet permite que os profissionais alcancem uma audiência mundial. Isso amplia enormemente as oportunidades de negócios e possibilita uma diversidade de clientes e experiências.

Adicionalmente, a internet proporciona uma vasta quantidade de recursos educativos e ferramentas que facilitam o desenvolvimento profissional contínuo.

Cursos online, tutoriais, webinars e comunidades de prática são apenas alguns dos muitos recursos disponíveis que capacitam os profissionais a se manter atualizados com as últimas tendências e habilidades necessárias em seus campos.

5.3   Desafios do Trabalho na Internet.

Apesar das vantagens, o trabalho na internet vem com seus próprios desafios. Um dos principais obstáculos é a autodisciplina. Trabalhar remotamente exige uma capacidade elevada de autogestão, já que a ausência de um ambiente de escritório estruturado pode levar à procrastinação e à falta de foco.

Outro desafio significativo é a concorrência acirrada. A facilidade de começar um uma carreira online resulta em um grande número de profissionais competindo pelos mesmos mercados e oportunidades. Para se destacar, é crucial criar uma proposta de valor única e construir uma marca pessoal sólida.

Além disso, a instabilidade financeira pode ser um problema recorrente para aqueles que dependem exclusivamente da internet para sua renda.

Os ganhos podem ser variáveis e imprevisíveis, especialmente para freelancers e empreendedores digitais, exigindo um planejamento financeiro rigoroso e a diversificação das fontes de renda.

5.4   Estratégias para o Sucesso no Ambiente Digital.

Para prosperar na internet como local de trabalho, é essencial adotar certas estratégias e práticas que maximizem as oportunidades e minimizem os desafios.

Aqui estão algumas sugestões fundamentais:

1. Desenvolva uma presença online forte: crie e mantenha perfis profissionais nas principais plataformas de mídia social e sites de networking profissional.

    Ter um site ou blog bem estruturado onde você possa exibir seu portfólio, compartilhar conteúdos relevantes e interagir com seu público é essencial.

2. Capacitação contínua: invista em cursos online, webinars, workshops e outras formas de treinamento para se manter atualizado com as últimas tendências e habilidades no seu campo.

    A educação contínua é vital para se adaptar às mudanças rápidas do mercado.

3. Gerenciamento de tempo e autodisciplina: estabeleça rotinas de trabalho rigorosas, defina metas claras e prazos específicos para suas tarefas.

    Utilize ferramentas de gerenciamento de tempo e produtividade para ajudar a manter o foco e a eficiência.

4. Networking e parcerias: cultive relacionamentos com outros profissionais da sua área.

    Parcerias estratégicas e colaborações podem abrir novas oportunidades de negócio e aprendizado, além de ampliar sua rede de contatos.

5. Diversificação das fontes de renda: não dependa de uma única fonte de receita.

    Explore diferentes formas de monetização, como afiliações, venda de produtos digitais, consultorias, cursos online e patrocínios.

A diversificação pode proporcionar uma maior estabilidade financeira.

Feedback e melhoria contínua: esteja sempre aberto ao feedback de clientes e colegas.

Use essas informações para melhorar constantemente seus serviços, produtos e abordagens.

6. Aprender com os erros e ajustar estratégias é essencial para o crescimento contínuo.

7. Cuidado com a saúde mental e física: trabalhar online pode levar ao isolamento e ao desgaste mental.

Certifique-se de manter um equilíbrio saudável entre trabalho e vida pessoal. Reserve tempo para lazer, exercício físico e interações sociais, mesmo que virtuais.

Cuide de sua saúde mental e física para manter-se produtivo e motivado no longo prazo.

5.5   Exemplos de Profissões na Internet.

A internet oferece uma vasta gama de oportunidades profissionais. Aqui estão alguns exemplos de áreas que têm se destacado:

1. Produção de Conteúdo. Bloggers, youtubers, podcasters e criadores de conteúdo são capazes de monetizar suas habilidades através de patrocínios, publicidade e venda de produtos digitais.

2. Marketing Digital e SEO. Especialistas em marketing digital, SEO (Search Engine Optimization) e gestão de mídias sociais encontram uma demanda crescente por suas habilidades em ajudar empresas a ampliar sua presença online.

3. Freelance e Consultoria. Freelancers em áreas como design gráfico, desenvolvimento web, redação e consultoria em diversas especialidades podem trabalhar para clientes ao redor do mundo.

4. E-commerce. Proprietários de lojas online podem vender produtos físicos ou digitais, utilizando plataformas como Shopify, Etsy ou Amazon.

Figura 16 – E-commerce.

5. Ensino Online. Professores e instrutores podem criar e vender cursos online em plataformas como Udemy, Coursera ou até mesmo em seus próprios sites.

6. Desenvolvimento de Software e TI. Desenvolvedores, programadores e profissionais de TI oferecem serviços de desenvolvimento de software, manutenção de sistemas e suporte técnico de forma remota.

7. Influenciadores e Afiliados. Pessoas com grande número de seguidores nas redes sociais podem ganhar dinheiro através de parcerias com marcas, marketing de afiliados e patrocínios.

5.6   O Futuro do Trabalho na Internet.

O presente e o futuro do trabalho na internet são promissores, com novas oportunidades emergindo constantemente à medida que a tecnologia avança.

O trabalho remoto e as profissões digitais estão se tornando cada vez mais normais, e as empresas estão expandindo suas operações online para se conectar melhor com seus públicos.

O desenvolvimento de novas tecnologias como a inteligência artificial, a realidade aumentada e a blockchain promete ainda mais transformações no ambiente de trabalho digital.

Os profissionais que se adaptarem rapidamente às mudanças e continuarem a aprender e inovar terão uma vantagem competitiva significativa.

Ao cultivar a resiliência, buscar constantemente novas oportunidades de aprendizado, investir no desenvolvimento de uma presença online sólida e diversificar suas fontes de renda, você estará bem posicionado para prosperar como um profissional na internet.

Independentemente da área de atuação escolhida, a chave para o sucesso no ambiente digital é a adaptação contínua às mudanças e a inovação constante. A internet oferece um campo vasto e em expansão para aqueles que estão dispostos a se esforçar e a explorar suas potencialidades.

Existem apenas dois tipos de pessoas capazes de dizer que é impossível mudar o mundo: aquelas que têm medo de tentar e aquelas que têm medo do seu sucesso.

Ray Goforth.

6 CONHEÇA O AUTOR.

6.1 Prof. Marcão - Marcus Vinícius Pinto.

Figura 17 - O Valor do Capital Humano.

Minha trajetória profissional, rica em décadas de experiência em Ciência da Informação, Marketing e Educação, é um reflexo da minha incansável busca por aperfeiçoamento e compreensão aprofundada tanto das áreas tecnológicas quanto do intrincado funcionamento da mente humana.

Minha atuação como consultor, educador e escritor é marcada por uma firme dedicação à eficiência e coerência, valores que considero essenciais em qualquer processo de transmissão de conhecimento.

Vivendo com a ausência do pé esquerdo, encarei tal desafio não como uma limitação, mas como um estímulo constante para superações diárias e valorização da singularidade de cada indivíduo.

Cada obstáculo ultrapassado me permitiu enxergar novos horizontes e, sobretudo, aproveitar as oportunidades para inovar e contribuir de forma significativa para o avanço da ciência da informação.

Atualmente, alcanço um ponto crucial de consolidação em minha carreira profissional me dedicando a escrever, onde os temas em torno da ciência da informação me conduzem a oferecer uma visão perspicaz e abrangente sobre os complexos processos de armazenamento, organização e disseminação de dados.

Meus livros, artigos e videoaulas são ferramentas para desvendar e esclarecer as complexidades da Ciência da Informação em todas as suas formas.

Ao longo dos anos, envolvi-me profundamente em projetos de arquitetura da informação, engenharia de atributos e desenvolvimento de software. Utilizei diversas metodologias para assegurar eficiência e qualidade nas soluções criadas, sempre com um olhar atento para detalhes que permitem o aprimoramento contínuo.

A modelagem de dados, o *Data Warehouses* e a validação e gerenciamento de modelos estruturais estão entre os pilares do meu trabalho, fundamentando e solidificando os resultados que apresento.

Além das atividades empresariais onde ofereço soluções inovadoras para desafios complexos, dedico-me intensamente à disseminação de conhecimento. Minhas palestras, treinamentos e mentorias empresariais funcionam como canais para ampliar o entendimento e a aplicabilidade das estratégias que desenvolvo.

Paralelamente, meu papel como criador de conteúdo no YouTube me permite alcançar um público marcado pela curiosidade intelectual e ávido por inovação.

A plataforma me oferece a chance de dialogar de maneira dinâmica e interativa, abrindo espaço para debates sobre uma gama vasta de temáticas.

Minha jornada como autor de mais de 100 livros, todos disponibilizados na Amazon, Hotmart e outras plataformas digitais é um testemunho do meu compromisso contínuo com o aprendizado e a educação.

Esses livros são faróis de conhecimento, destinados a um público que busca compreender mais, questionar e avançar em suas próprias áreas de interesse.

Percebo a crescente importância dos cursos e livros online como instrumentos poderosos na educação contemporânea.

A inteligência artificial, por exemplo, tem trazido transformações significativas, permitindo que o aprendizado seja personalizado e acessível a um maior número de pessoas.

A substituição da sala de aula presencial por meios digitais é uma tendência que não apenas acompanha os avanços tecnológicos, mas também democratiza o conhecimento.

Minha preocupação em aprimorar o conhecimento das pessoas é incessante. Acredito que os livros e cursos online têm o potencial de alcançar corações e mentes de maneira eficaz, oferecendo flexibilidade e permitindo que cada indivíduo absorva a informação no próprio ritmo.

As plataformas digitais são para mim uma extensão natural do desejo de educar e proporcionar insights profundos.

Além do papel de educador e escritor, a dedicação à tecnologia e à eficiência instrutiva é uma constante na minha vida. Desenvolvo conteúdos e ferramentas que permitem às pessoas acessar informações úteis de maneira intuitiva.

A Ciência da Informação não é apenas um campo técnico, mas uma ponte entre a complexidade dos dados e a clareza do entendimento humano.

Portanto, minha missão é clara: estou sempre em busca de novas maneiras de comunicar, educar e inspirar.

Seja por meio de livros, vídeos, ou palestras, estou comprometido com o aprimoramento contínuo e com a construção de um legado de conhecimento duradouro.

A vida pessoal, igualmente significativa, me enche de felicidade e plenitude. Casado com Andréa desde 2008, desfruto de uma união repleta de alegria e companheirismo, que me energiza e me sustenta em todas as minhas empreitadas.

Encontro também na música, especialmente ao piano, uma fonte de paz e inspiração, que complementa minha jornada profissional e pessoal.

Assim, sigo como "um escritor em busca de um leitor", guiado pela paixão de compartilhar conhecimento e impulsionado pela crença de que cada insight compartilhado é uma semente plantada para um futuro mais esclarecido e inovador.

Um abraço do Prof. Marcão!
Um escritor em busca de um leitor.

6.2 Como contatar o Prof. Marcão.

Para palestras, treinamento e mentoria empresarial faça contato no meu perfil no LinkedIn ou pelo e-mail marcao.tecno@gmail.com.

Prof. Marcão – MARCUS VINÍCIUS PINTO
CONSULTORIA | MENTORIA | TREINAMENTO | PALESTRAS
marcao.tecno@gmail.com
https://bit.ly/linkedin_profmarcao

Seja meu seguidor e tenha acesso a conteúdos imperdíveis!

LIVROS E CURSOS → bit.ly/3UMg7E9

MEU CANAIS NO YOUTUBE:

https://bit.ly/TIDCONVERSASINESPERADAS

bit.ly/governançadedados

INSTAGRAM → bit.ly/3tpZ5kp

NEWSLETTER SEMANAL NO LINKEDIN → bit.ly/3RQTBs4

EMPRESA DE CONSULTORIA E TREINAMENTO →https://mvpconsult.com.br

PERFIL NO LINKEDIN → https://bit.ly/linkedin_profmarcao

PÁGINA DA MINHA EMPRESA NO LINKEDIN → https://bit.ly/4bn3bdA

Facebook

https://www.facebook.com/marcao.tecno/

https://www.facebook.com/o.y.da.questao/

X → @prof_marcao_bh

"Em um mundo inundado de informações irrelevantes, clareza é poder."

Yuval Noah Harari[4]

---

[4] Yuval Noah Harari é uma figura influente no campo dos estudos históricos e sociais contemporâneos. Suas obras, incluindo Sapiens: Uma Breve História da Humanidade, Homo Deus: Uma Breve História do Amanhã e 21 Lições para o Século 21, exploram a trajetória e o futuro da humanidade com uma abordagem multidisciplinar e acessível.

7 Coleções de livros do Prof. Marcão.

7.1 Coleção Dados Abertos.

Explore o mundo da abertura de dados governamentais com a série exclusiva de livros do Prof. Marcão, disponíveis agora na Amazon e na Hotmart!

1. Dados Abertos e Transparência Governamental. Este livro é o ponto de partida perfeito para entender os princípios dos dados abertos e sua aplicação na transparência governamental. O Prof. Marcão explora como a arquitetura dos dados abertos é construída e como isso impacta as práticas de transparência dos órgãos públicos.

2. Caderno 1 - Dados Abertos - Definições de Arquitetura. Neste primeiro caderno, o Prof. Marcão mergulha nas definições de arquitetura de dados abertos. Descubra os conceitos essenciais, frameworks e padrões adotados pelos principais projetos de dados abertos ao redor do mundo.

3. Caderno 2 - Dados Abertos - Análise Planos de Dados Abertos. Neste segundo caderno, o Prof. Marcão ensina como analisar planos de dados abertos existentes. Aprenda a identificar elementos essenciais, a avaliar sua efetividade e a sugerir melhorias para aprimorar a abertura e o uso dos dados governamentais.

4. Caderno 3 - Dados Abertos - Elaboração de Plano de Dados Abertos. Descubra como criar um plano de dados abertos eficaz neste terceiro caderno da série. Aqui você encontra orientações práticas sobre como elaborar um plano abrangente e alinhado às necessidades específicas de cada organização.

5. Caderno 4 - Dados Abertos - Planos de Ação. Dê vida ao seu plano de dados abertos com este caderno abrangente. O Prof. Marcão explica como criar e executar planos de ação eficientes, estabelecendo marcos, responsabilidades e prazos para alcançar os objetivos propostos.

6. Caderno 5 - Dados Abertos - *Datasets*. Explore a diversidade de datasets e aprenda a selecionar os mais relevantes para seu Portal de Dados Abertos.

O Prof. Marcão apresenta diferentes tipos de dados abertos e oferece insights sobre como acessar, limpar e analisar os datasets de forma eficiente.

7. Tudo de Dados Abertos. Um guia abrangente que reúne todos os conceitos e práticas relacionados aos dados abertos, oferecendo uma visão completa sobre o tema.

8. Dados Abertos - Todas as Perguntas. Encontre respostas para as dúvidas mais comuns sobre dados abertos nesta obra de referência, que aborda desde questões técnicas até aspectos legais e éticos relacionados à abertura de dados. Este livro é composto por 178 questões que o profissional ligado à abertura de dados governamentais precisa ter clareza. Com respostas que são verdadeiras aulas sobre o tema.

9. Dados Abertos - Glossário. Um recurso essencial que traz definições claras e concisas dos termos e conceitos fundamentais do universo dos dados abertos. O livro abrange 346 conceitos com explicações objetivas e sintéticas para maximizar sua compreensão.

10. Dados Abertos - *OpenQuiz*. Neste livro você tem 409 perguntas de múltipla escolha com respostas ao final do livro para você testar e fixar seus conhecimentos sobre o tema da abertura de dados governamentais.

11. Dados Abertos e Transparência Governamental. Perspectivas, cenários e planejamento. A proposta deste livro é ser um guia prático para capacitar o leitor a participar dos movimentos de abertura de dados governamentais.

12. Guia Rápido de Elaboração de Plano de Dados Abertos. este livro é um guia facilitador para elaboração de Plano de Dados Abertos – PDA – e é um resumo do Caderno 3 que contempla a completude da roteirização da elaboração de um PDA.

A coleção está disponível na Amazon e na Hotmart.

Para quem é esta coleção?

Esta série se destina a profissionais desenvolvedores de aplicações, acadêmicos, pesquisadores, jornalistas, analistas de sistemas, cientistas de dados, ONGs, órgãos públicos e cidadãos em geral que possuam familiaridade com tratamento de dados e que participam ou irão participar em processos de abertura de dados governamentais.

Figura 63 – Coleção Dados Abertos – Abertura de Dados Governamentais.

7.2   Coleção Governança de Dados.

Em nosso mundo pós-moderno, em que a quantidade de dados flui incessantemente pelos labirintos das tecnologias avançadas, a necessidade de domar essa torrente de bites e bytes e garantir sua qualidade e integridade nunca foi tão vital. Diante desse panorama, emergem desafios que exigem abordagens racionais e diligentes.

É nesse contexto que se insere esta coleção, obras que desvendam as complexidades e intricâncias da administração de dados, dando ênfase à auditoria de modelos de dados, abreviações, históricos, metadados, paradados e governança de dados.

No contexto desta narrativa, mergulhamos profundamente no vasto horizonte temático relacionado à administração de dados. Exploramos as técnicas e práticas que se alinham com a valorização dos dados, compreendendo que estes são o ouro do século XXI.

A despeito de sua aparente imaterialidade, os dados possuem enormes implicações para as organizações, informando suas ações, fundamentando suas decisões e sustentando suas estratégias.

A auditoria de modelos de dados, um pilar crítico nessa jornada, é abordada de forma minuciosa e profunda. Mergulharemos nas ferramentas e métodos que atuam como sentinelas rigorosas, garantindo que as estruturas de dados sejam robustas, coerentes e precisas.

Verdadeiros guardiões da integridade, estes auditores de modelos conferem a confiabilidade vital que sustenta toda a infraestrutura de informação.

Além disso, trazemos à tona as abreviações e seus intrincados significados nesse contexto. Essas simplificações linguísticas, embora encurtem nomes e conceitos, não podem abalar a eficiência e clareza do universo dos dados.

A governança de dados, tema central desta coleção, é a cola que mantém todos os elementos e conceitos abordados unidos em uma sinergia poderosa. A governança eficiente impulsiona a integração de processos e tecnologias, promovendo uma gestão sólida e garantindo a conformidade com normas e regulamentações.

À medida que nos aprofundamos nesse vasto oceano de conhecimento, somos levados a refletir sobre a abrangência da administração de dados em nossas sociedades modernas. A arte de governar dados se manifesta de forma sutil e sofisticada, permeando todos os aspectos de nossas vidas.

A explosão dos avanços tecnológicos e a crescente utilização de IA em diversos setores têm colocado em destaque a relevância dos dados como a matéria-prima essencial para o pleno sucesso destes projetos.

Neste cenário, a correta governança de dados se torna fundamental para garantir a qualidade, segurança.

O autor detalha a importância da qualidade dos dados, segurança, ética, políticas regulatórias, transparência, rastreabilidade e participação na governança dos dados.

Além disso, são abordados temas como administração de dados, capacidade e escalabilidade, treinamento e conscientização, conformidade legal, análise de impacto de dados, gerenciamento de mudanças, responsabilidade no uso de dados em IA, entre outros.

A coleção também destaca a necessidade de estruturar adequadamente as bases de dados para projetos de IA, além de diferenciar a governança de dados da gestão de dados e apresentar ferramentas e tecnologias específicas para a governança de dados.

Aspectos como segurança, privacidade, ética, transparência e conformidade legal são discutidos em detalhes, juntamente com as dificuldades atuais e as perspectivas para o futuro nesse campo em constante evolução.

Com uma abordagem prática e atualizada esta coleção é uma leitura essencial para profissionais que atuam com IA, Data Science, gestão da informação, administração de dados e governança de dados, bem como estudantes e pesquisadores interessados no tema.

Aqui você encontra insights valiosos e estratégias para alcançar o sucesso na implementação de projetos de IA por meio de uma governança de dados eficaz.

A coleção está disponível na Amazon e na Hotmart.

Para quem é esta coleção?

Esta coleção abrangente e especializada destina-se a profissionais e interessados em áreas como Inteligência Artificial, Data Science, Administração de Dados e Governança de Dados, oferecendo um mergulho profundo no universo vital e complexo dos dados no século XXI.

Figura 64 – Coleção Governança de Dados.

7.3   Coleção Inteligência Artificial.

Nos últimos anos, a Inteligência Artificial (IA) tem se estabelecido como uma das áreas mais emocionantes e inovadoras da ciência da computação e da tecnologia.

A capacidade de máquinas e algoritmos aprenderem, raciocinarem e tomarem decisões de forma autônoma está transformando profundamente diversos setores e impulsionando avanços exponenciais em diversas áreas.

Esta coleção vem preencher uma lacuna fundamental ao apresentar ao leitor uma visão abrangente e acessível sobre os principais conceitos, aplicações e desafios enfrentados na era da Inteligência Artificial.

Desde a importância da informação como matéria-prima essencial até a discussão sobre ética, privacidade de dados e o futuro promissor desta tecnologia, cada capítulo aborda de forma clara e detalhada aspectos fundamentais para compreender a IA e seu impacto na sociedade.

Ao acompanhar a evolução histórica da IA, desde seus primórdios até os representantes atuais e os avançados modelos de linguagem de grande escala, o leitor será levado em uma jornada fascinante através dos marcos históricos e das inovações tecnológicas que moldaram o cenário atual da IA.

Os temas abordados, tais como Machine Learning, Processamento de Linguagem Natural, Visão Computacional, Ética e Transparência em Projetos de IA, entre outros, foram cuidadosamente selecionados para fornecer uma visão abrangente e atualizada sobre a IA.

Além disso, a discussão sobre a importância dos dados, a estruturação correta de bases de dados e os desafios éticos e legais enfrentados na implementação de projetos de IA fornecem Insights valiosos para profissionais e pesquisadores da área.

Através de explicações claras, exemplos práticos e uma abordagem didática, esta coleção tem o objetivo de orientar o leitor em meio ao vasto e dinâmico campo da Inteligência Artificial, fornecendo conhecimentos essenciais e perspectivas abrangentes para aqueles que desejam compreender, aplicar e explorar todo o potencial e as possibilidades oferecidas por essa revolucionária tecnologia.

Além disso, as seções dedicadas à segurança e privacidade de dados, ética e compliance legal refletem a importância crescente de abordar essas questões de forma responsável e transparente no desenvolvimento e implementação de sistemas de IA.

A coleção também destaca a relevância da qualidade e confiabilidade dos dados, ressaltando a necessidade de estruturar adequadamente as bases de dados para garantir resultados precisos e confiáveis em projetos de IA. Com casos de estudo detalhados, como o do chat GPT, o leitor terá a oportunidade de explorar na prática como a estruturação e o modelo de dados podem impactar diretamente no desempenho e na segurança de sistemas de IA.

À medida que a Inteligência Artificial continua a desempenhar um papel cada vez mais central em nosso cotidiano, compreender os desafios, implicações éticas e oportunidades associadas a essa tecnologia se torna essencial para todos os envolvidos no seu desenvolvimento, implementação e regulamentação.

A coleção não apenas oferece um mergulho profundo nos conceitos essenciais e nas aplicações práticas da Inteligência Artificial, mas também alimenta reflexões sobre o futuro desta disciplina e seu impacto na sociedade e na humanidade como um todo.

Convido você, caro leitor, a se aventurar nas páginas desta coleção e explorar um universo de conhecimento e descobertas no fascinante mundo da Inteligência Artificial.

Não perca a oportunidade de aprender mais sobre a tecnologia que está mudando o mundo.

A coleção está disponível na Amazon e na Hotmart.

Para quem é esta coleção?

A coleção se destina a profissionais de tecnologia, estudantes, gestores, educadores e interessados em geral que desejam explorar e compreender o universo da inteligência artificial de forma acessível e abrangente.

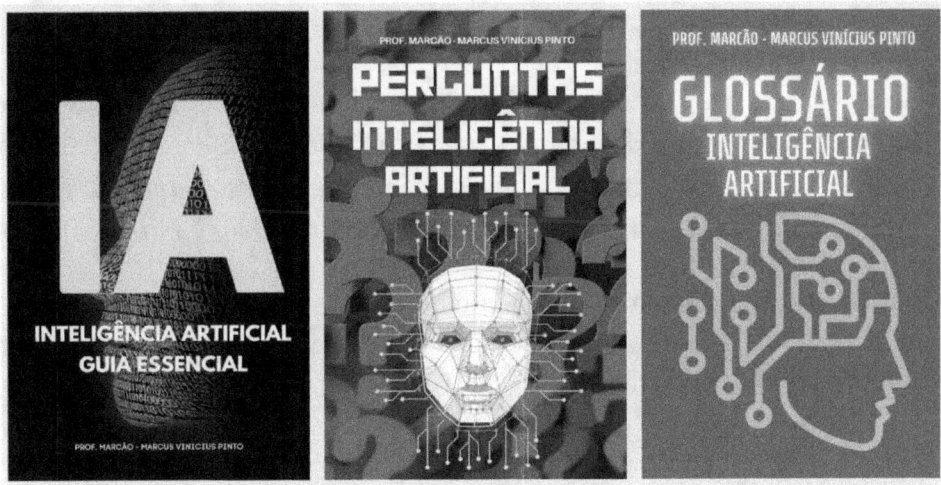

Figura 65 – Coleção Inteligência Artificial.

7.4   Coleção Big Data.

O Big Data mudou a forma como empresas e profissionais interagem com dados e informações. Neste contexto, a coleção Big Data emerge como um recurso essencial para todos aqueles que desejam dominar esse vasto campo.

Composta por seis obras detalhadas e estrategicamente estruturadas, a coleção promete não apenas esclarecer, mas também capacitar qualquer indivíduo que deseje transformar dados em ações estratégicas.

1. Simplificando o Big Data em 7 Capítulos é um livro que tem como objetivo ser um ponto de partida ideal para novatos e veteranos no campo do Big Data. A promessa de simplificação, dividida sabiamente em sete capítulos, permite ao leitor compreender conceitos complexos de forma clara e direta.

   A organização sistemática dos capítulos garante que a introdução ao Big Data seja feita de maneira gradual e compreensível, desmistificando mitos e quebrando barreiras iniciais.

   É o guia perfeito para entender o que é Big Data, sua importância e suas aplicações práticas.

2. Arquitetura de Big Data é destinado aos que desejam ir além dos conceitos básicos e entender as fundações técnicas. Este livro mergulha nas estruturas necessárias para coleta, armazenamento e processamento de grandes volumes de dados.

   Com exemplos práticos e casos de uso reais, o autor detalha como construir e manter uma infraestrutura robusta e eficiente. Leitores aprenderão sobre diferentes arquiteturas, suas vantagens e desvantagens, permitindo uma tomada de decisão informada sobre qual arquitetura adotar para diferentes necessidades.

3. Implementação de Big Data busca compreender a teoria por trás da arquitetura e seus desafios. "Implementação de Big Data" trata de guiar o leitor através das técnicas e ferramentas necessárias para colocar em prática os conceitos previamente aprendidos.

Este livro é um manual prático, repleto de instruções passo a passo para a implantação de projetos de Big Data.

Desde a seleção das ferramentas apropriadas até a execução de pipelines de dados, o leitor será equipado para enfrentar desafios reais no mundo da implementação.

4. Gestão de Big Data trata do gerenciamento eficaz do Big Data e vai além da implementação técnica, envolvendo governança, segurança e alocação eficaz de recursos. "Gestão de Big Data" aborda esses aspectos cruciais, proporcionando uma visão estratégica sobre como manter e otimizar operações de Big Data.

Gerir grandes volumes de dados exige um entendimento profundo sobre hierarquias de dados, conformidade com regulamentações e políticas de segurança.

Este livro propõe-se a capacitar gestores e líderes na criação de estratégias eficazes para garantir que os dados sejam não apenas bem administrados, mas também utilizados de forma a agregar valor contínuo para a organização.

5. Glossário de Big Data está repleto de terminologia específica e é uma ferramenta indispensável para navegantes desse vasto oceano de informações. Este livro fornece definições claras e concisas para uma ampla gama de termos técnicos e jargões, funcionando como um dicionário prático que pode ser consultado a qualquer momento.

6. 700 Perguntas sobre Big Data tem a função de conduzi-lo para uma prática guiada e oferece um banco de questões exaustivo que cobre uma gama diversificada de tópicos discutidos nos livros anteriores.

Esta obra é desenhada não apenas para reforçar o conhecimento adquirido, mas também para preparar leitores para cenários reais e exames de certificação.

As perguntas, acompanhadas de explicações detalhadas, permitem que o leitor revise e teste seu entendimento, identificando áreas que necessitam de mais estudo.

A coleção está disponível na Amazon e na Hotmart.

Para quem é esta coleção?

Esta coleção é destinada a um público diversificado e abrangente, incluindo profissionais de TI e Engenheiros de Dados, Gestores e Líderes de Projeto, Estudantes e Pesquisadores, bem como Empreendedores e Executivos.

Figura 66 – Coleção Big Data.

7.5   Coleção Processo de *Data Warehouse*.

O projeto de um *data warehouse* é uma empreitada de complexidade elevada para qualquer instituição, independentemente de seu porte e de seus orçamentos. Os custos, prazos e diversidades de conhecimentos envolvidos aumentam a pressão por resultados bem-sucedidos e rápidos.

A abordagem está centrada em um modelo de marcos que direciona o processo de desenvolvimento de *data mart*s, enquanto propõe um conjunto de artefatos para a coleta, registro e documentação dos aspectos funcionais, não-funcionais e multidimensionais que integram a solução.

A metodologia PDW – Processo de Data Warehousing, desenvolvida por mim, adotada em diversas instituições de ensino, incorpora as melhores práticas do modelo de Melhoria de Processo de Software Brasileiro - MPS.BR, do processo RUP – Rational Unified Process, da linguagem Unified Modeling Language – UML, do gerenciamento de projetos segundo o PMI – Project Managent Institute, da modelagem dimensional e da clássica modelagem de dados Entidade-Relacionamento – ER.

A metodologia PDW está estruturada em três vertentes principais.

A primeira vertente consiste na revisão da bibliografia relevante e envolveu uma análise abrangente e aprofundada da literatura existente sobre *data warehouse* e serviu de base para formular uma metodologia abrangente que contempla as melhores características e propondo soluções para problemas identificados em cada metodologia existente.

Ao explorar a revisão da bibliografia relevante, os profissionais ganham uma compreensão profunda das melhores práticas e dos conceitos fundamentais que sustentam a construção de *data warehouse*s efetivos. Esse conhecimento teórico é crucial para fundamentar as decisões estratégicas e técnicas ao longo do projeto.

Estão detalhados os conceitos fundamentais e os alicerces que sustentam a metodologia PDW.

O objetivo é proporcionar uma base teórica sólida, identificando as melhores práticas, tendências emergentes e estudos de caso que possam enriquecer e validar a proposta metodológica.

A segunda vertente consiste na apresentação detalhada da metodologia. Esta abordagem oferece uma descrição minuciosa e sistemática da metodologia PDW, delineando cada um dos seus componentes e fases.

A apresentação detalhada da metodologia fornece um roteiro claro e detalhado, abordando desde a concepção e design até a implementação e manutenção contínua.

Cada fase do processo é descrita com precisão, permitindo que os profissionais sigam um caminho estruturado e lógico, aumentando assim as chances de um resultado bem-sucedido.

São abordados aspectos técnicos, estratégicos e operacionais, assegurando que todos os passos necessários para o sucesso do projeto de *data warehouse* sejam contemplados.

A terceira vertente consiste na apresentação dos templates e artefatos auxiliares: para facilitar a implementação da metodologia, uma série de templates e outros artefatos auxiliares são disponibilizados.

Estes recursos padronizados incluem modelos de documentação, checklists, guias de melhores práticas e ferramentas de suporte, que ajudam a garantir consistência, eficiência e qualidade no desenvolvimento dos projetos.

Esses auxiliares atuam como guias práticos que simplificam o processo e contribuem para a mitigação de riscos e a obtenção de resultados mais previsíveis e bem-sucedidos.

Além disso, os templates e artefatos auxiliares oferecidos são ferramentas valiosas que facilitam a padronização e a eficiência do trabalho. Esses recursos ajudam a garantir que todas as etapas sejam cobertas de maneira consistente, reduzindo os riscos e promovendo a qualidade dos resultados.

A coleção está disponível na Amazon e na Hotmart.

Para quem é esta coleção?

A metodologia PDW é especialmente concebida para profissionais de tecnologia da informação e de *business intelligence* que se dedicam a projetos de desenvolvimento de *data mart*s, *data warehouse*s, *data lake*s e *big data*.

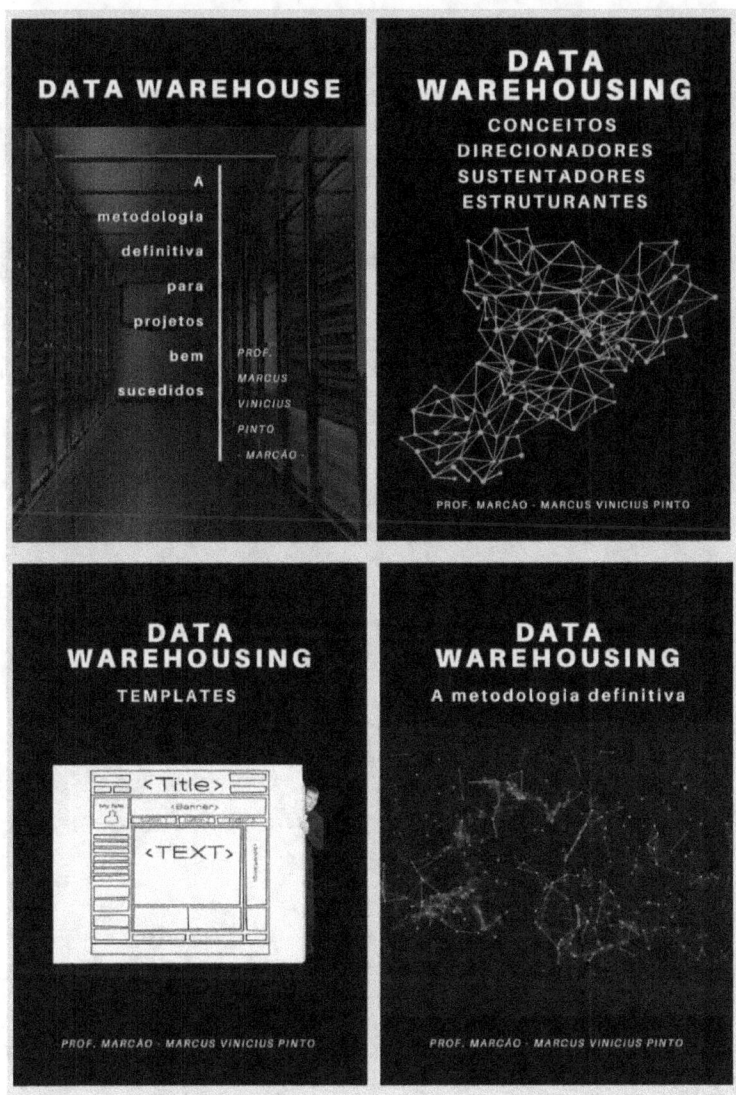

Figura 68 – Coleção Processo de Data Warehouse.

7.6   Coleção Ciência da Informação.

Explore o universo da ciência da informação com esta coleção especializada!

Seja bem-vindo à coleção de livros que irá expandir seus horizontes para o mundo da ciência da informação, padrões de nomeação e gestão da informação!

Nos dois primeiros livros da coleção, você terá a oportunidade de mergulhar em um universo fascinante que aborda os principais fundamentos para alcançar uma governança eficaz dos dados, garantir a integridade das informações e estabelecer padrões de nomeação consistentes.

Livro 1. Ciência da Informação, Tecnologia e Profissões em Tecnologia: conceitos explicados.

Descubra os segredos dos especialistas em governança de dados e aprenda a implementar práticas sólidas que garantam a qualidade e confiabilidade dos dados em sua organização.

Aprenda a estruturar e organizar seus dados de forma eficiente, gerenciar metadados vitais e aplicar medidas de segurança robustas para proteger informações sensíveis. Este livro é o ponto de partida ideal para quem deseja se destacar na área da gestão da informação.

Livro 2. Palavras e Abreviaturas: vocabulário controlado para dicionário de dados em projetos de bases de dados e modelagem de dados.

Mergulhe nos padrões de nomeação de dados, que são a base para uma gestão eficiente da informação.

Descubra como estabelecer uma nomenclatura coerente, consistente e fácil de entender, permitindo que todos na organização tenham uma visão clara sobre como os dados estão estruturados e como localizá-los facilmente.

Além disso, explore a importância da gestão da informação como um recurso estratégico para impulsionar o sucesso do negócio.

Por que adquirir esses livros?

- Conhecimento abrangente: aborda os fundamentos essenciais para a governança de dados e gestão da informação.

- Aplicabilidade prática: orientações práticas e insights valiosos para aprimorar seus conhecimentos.

- Base sólida para o sucesso: construa uma base sólida para o sucesso na governança de dados e gestão da informação.

A coleção está disponível na Amazon e na Hotmart.

Para quem é esta coleção?

Esta coleção especializada em Ciência da Informação, Padrões de Nomeação e Gestão da Informação é destinada a profissionais e estudantes que buscam aprimorar seus conhecimentos e habilidades na área de governança de dados, estruturação de informações e padrões de nomenclatura.

Seja parte da revolução dos dados e embarque nesta jornada enriquecedora rumo ao sucesso na governança de dados e na gestão da informação.

Desafie-se a ampliar seus conhecimentos!

Figura 69 – Coleção Ciência da Informação.

7.7   Coleção Joaquim Emanuel Pinfa.

Porque fazer piadas sobre os portugueses.

Bem, eu tenho uma razão.

Sempre gostei muito do humor, seja em forma de historietas, contos ou piadas. Escolhi o tema "piadas de português" porque elas existem aos montes. Meu trabalho foi só compilá-las.

A coleção é composta por quatro volumes incríveis. Essa coleção promete trazer doses generosas de bom humor e risadas garantidas para alegrar o seu dia.

Na Parte 1 - "Piadas do cotidiano", você vai se identificar com aquelas situações hilárias que acontecem no dia a dia de cada um de nós. Prepare-se para dar boas gargalhadas com histórias que poderiam muito bem ter saído da sua própria vida.

Já na Parte 2 - "Piadas temáticas", o riso é garantido com as situações mais absurdas e engraçadas sobre temas variados, desde profissões, passando por meios de transporte e tecnologia, cada página reserva uma surpresa diferente para arrancar risadas até dos mais sisudos!

Em seguida, na Parte 3 - "Inacreditáveis e Invenções", prepare-se para se surpreender com as piadas mais inusitadas e criativas que você já viu. Com histórias que desafiam a lógica e a realidade, você vai se pegar se perguntando: "Isso é sério mesmo?" Mas, no final das contas, o que importa é rir sem moderação!

E para fechar com chave de ouro, a Parte 4 - "Pequeno Dicionário Luso-Lusitano" vai te levar para uma viagem divertida pelas palavras e expressões mais características da nossa língua. Com definições irreverentes e brincadeiras linguísticas, você vai se divertir e aprender de uma forma leve e descontraída.

Se você deseja curar todas as suas preocupações, dissolver o estresse do dia a dia e encontrar a felicidade em forma de palavras e risos, então o livro "Gargalhaire ié o melhor med'camento" é a chave para abrir as portas do bom humor e da descontração em sua vida!

Deixe-se envolver pelas histórias hilárias, piadas contadas com maestria e surpresas que vão fazer você gargalhar como nunca. Afinal, rir é contagioso e funciona como terapia para mente e para o espírito.

Se você quer esquecer as preocupações, aliviar o estresse e encontrar felicidade através de palavras e risadas, então esta coleção é a sua dose de bom humor e descontração!

A coleção está disponível na Amazon e na Hotmart.

E tenha certeza de que Gargalhaire ié o melhor med'camento.

Figura 70 – Coleção Gargalhaire ié o melhor med'camento

7.8   Coleção Você Empreendedor.

Bem-vindo à série de livros que irá transformar sua mentalidade e impulsionar seu potencial empreendedor!

Nesta coleção abrangente, mergulhe em um universo de conhecimento que aborda os principais pilares para alcançar o sucesso: empreendedorismo, como se tornar um milionário na internet, motivação e resiliência.

Liberte seu potencial empreendedor e embarque nesta jornada rumo ao sucesso absoluto! Adquira agora a série completa e permita-se explorar as oportunidades ilimitadas que aguardam por você.

A coleção é composta por 5 livros:

A VERDADEIRA ATITUDE EMPREENDEDORA. Este livro foi cuidadosamente elaborado com o objetivo de oferecer ao leitor um vasto e rico conhecimento sobre o mundo empreendedor, com foco em estratégias, desafios e oportunidades para alcançar o tão almejado sucesso nos negócios.

OS TRÊS MOSQUETEIROS: A VISÃO APLICADA ÀS EMPRESAS. Esta obra, escrita em coautoria com meu grande amigo e escritor Luiz Roberto Fava, visa fornecer insights valiosos e práticos para aprimorar a atuação dos colaboradores em defesa dos interesses e da reputação da empresa. Neste livro, apresentamos estratégias e ferramentas essenciais para fortalecer a equipe, promover a integração e desenvolver habilidades de comunicação e resolução de conflitos inspirados no famoso brado "um por todos e todos por um".

CAPITAL HUMANO NO TRABALHO: O VALOR DA EXPERIÊNCIA. Destinado a todos os profissionais que buscam mais do que simples títulos e conteúdos superficiais. Se você deseja compreender como valorizar a experiência no mundo corporativo e empresarial, este livro é para você. Este livro nasceu da experiência do autor como empresário com o objetivo de atender a diferentes públicos que buscam mais do que um título e conteúdos sobre o valor da experiência como balizador da empregabilidade e da trabalhabilidade do profissional e da sua capacidade como empreendedor e intraempreendedor.

SEJA UM MILIONÁRIO NA INTERNET: CONHEÇA E PONHA EM PRÁTICA AS MELHORES FORMAS DE GANHAR DINHEIRO ON-LINE. Este livro é um compêndio de conhecimento essencial para aqueles que desejam prosperar na era da informação. Ao mergulhar nas páginas a seguir, você será apresentado a uma variedade de formas de rentabilizar seu tempo e talento na internet, seja criando produtos digitais, prestando serviços especializados ou explorando nichos de mercado promissores.

EMPREENDEDORES + EMPREENDEDORISMO = SUCESSO.: TUDO QUE VOCÊ PRECISA SABER PARA TER SUCESSO NO MUNDO EMPRESARIAL. Começar um negócio não é fácil. Crescer é ainda mais difícil. Você pode sentir que não está pronto para ter um negócio, mas se você chegou até aqui, você está.

Tudo começa com uma ideia, com a qual você está conectado e apaixonado. Se você conseguir transformar essa ideia em algo que resolva problemas do mundo real, estará no caminho certo para se tornar um empreendedor de sucesso.

A coleção está disponível na Amazon e na Hotmart.

Para quem é esta coleção?

Esta coleção é uma fonte abrangente de informações e orientações valiosas para aqueles que desejam empreender, inovar e alcançar o sucesso nos negócios.

Esteja preparado para absorver conhecimentos essenciais e inspiradores que certamente impulsionarão sua jornada empreendedora. Boa leitura e que o seu caminho empreendedor seja repleto de conquistas e realização.

Aventure-se na transformação pessoal e comece a construir seu legado hoje mesmo!

Figura 71 – Coleção você empreendedor.

7.9   Coleção Você Melhor.

Descubra sua Melhor Versão com a Coleção "Você Melhor"!

Composta pelos livros "Talentabilidade: Descubra e Desenvolva Seus Talentos Únicos", "A Mente em Constante Fase Beta: Potencialize seu Poder Mental", "Capacitação, Excelência e Sentido Profissional na Era da Inovação", "O Tempo nos Torna Inimigos" e "Mergulhe nas Soft Skills: Desenvolva Habilidades Essenciais para o Sucesso", cada obra foi cuidadosamente projetada para ajudá-lo a alcançar o seu máximo potencial.

Os livros também abrangem conceitos inovadores que enfatizam a importância de aprimorar suas habilidades e explorar talentos ocultos.

Você aprenderá a identificar suas aptidões únicas e encontrar maneiras de monetizá-las. Desafie-se a sair da zona de conforto e explore seu potencial máximo para alcançar o sucesso em qualquer campo que escolher.

E, é claro, não poderíamos deixar de lado a auto capacitação, uma jornada introspectiva rumo ao autodesenvolvimento. Explore técnicas comprovadas para melhorar sua inteligência emocional, autoconfiança e habilidades de tomada de decisão.

Descubra como superar a autossabotagem e adotar uma mentalidade de crescimento que o ajudará a conquistar seus objetivos mais ambiciosos.

TALENTABILIDADE: DESCUBRA E DESENVOLVA SEUS TALENTOS ÚNICOS.

Neste livro, escrito em coautoria com meu grande amigo e escritor Luiz Roberto Fava, você será guiado a explorar e identificar seus talentos inatos, aprendendo a desenvolvê-los e aplicá-los de maneira eficaz em sua vida pessoal e profissional.

Descubra como potencializar suas habilidades naturais para se destacar em sua área de atuação e alcançar o sucesso de forma autêntica e motivadora.

A MENTE EM CONSTANTE FASE BETA: POTENCIALIZE SEU PODER MENTAL.

A mente é uma ferramenta poderosa, e neste livro, também escrito em coautoria com meu grande amigo e escritor Luiz Roberto Fava, você descobrirá como explorar todo o seu potencial. Aprenda estratégias para desenvolver e fortalecer sua mente, potencializando sua capacidade de concentração, criatividade e resiliência.

Prepare-se para alcançar seus objetivos de forma mais assertiva e realizar conquistas significativas.

Figura 72 – Talentabilidade: descubra e desenvolva seus talentos únicos e A mente em constante fase beta: potencialize seu poder mental.

Figura 18 - Mergulhe nas soft skills: desenvolva habilidades essenciais para o sucesso e Capacitação, excelência e sentido profissional na era da inovação.

CAPACITAÇÃO, EXCELÊNCIA E SENTIDO PROFISSIONAL NA ERA DA INOVAÇÃO.

Com a rápida evolução do mercado de trabalho, é essencial se manter atualizado e sempre em busca de excelência profissional.

Neste livro, você encontrará insights valiosos sobre como se capacitar continuamente, manter a excelência em suas atividades e encontrar sentido e propósito em sua carreira, mesmo em meio a um cenário de constante inovação.

MERGULHE NAS SOFT SKILLS: DESENVOLVA HABILIDADES ESSENCIAIS PARA O SUCESSO.

As soft skills, ou habilidades interpessoais, são fundamentais para o sucesso em qualquer área profissional. Em "Mergulhe nas Soft Skills", você será conduzido a aprimorar habilidades como comunicação eficaz, trabalho em equipe, pensamento crítico, empatia e resolução de problemas.

Essas habilidades são essenciais para construir relacionamentos sólidos, resolver conflitos de forma construtiva e alcançar seus objetivos de maneira colaborativa.

Figura 67 – O Tempo nos Torna Inimigos.

O TEMPO NOS TORNA INIMIGOS.

Este livro oferece um olhar fascinante sobre as várias maneiras pelas quais o tempo e as relações estão entrelaçadas. O autor aborda a incômoda questão – "É possível viver em uma relação em que o tempo já transformou os participantes em inimigos?"

Com capítulos abrangentes que se aprofundam em tudo, desde os tipos de inimigos – desde o inimigo gerado pelo rompimento de um relacionamento, ao inimigo cuja amizade foi traída, passando por personagens como o "inimigo virtual" – até o impacto do tempo na deterioração dos relacionamentos e nas máscaras sociais que erguemos, este livro desafiará a maneira como você percebe suas próprias experiências e relacionamentos.

Cada livro da coleção "Você Melhor" oferece um mergulho profundo em aspectos essenciais para seu crescimento pessoal e profissional. Seja elevando seus talentos naturais, fortalecendo sua mente, encontrando significado em sua carreira ou aprimorando suas habilidades interpessoais, esses livros são um guia abrangente e inspirador para ajudá-lo a alcançar seu potencial máximo.

Esta coleção está disponível na Hotmart e na Udemy.

Para quem é esta coleção?

A coleção "Você Melhor" é indicada para qualquer pessoa que esteja em busca de autoaperfeiçoamento, crescimento pessoal e profissional. Desde estudantes em início de carreira até profissionais experientes que desejam aprimorar suas habilidades e alcançar novos patamares de sucesso, essa coleção oferece insights valiosos, orientações práticas e ferramentas essenciais para aqueles que desejam se tornar a melhor versão de si mesmos.

Se você busca desenvolver suas habilidades, potencializar sua mente, encontrar significado em sua carreira e aprimorar suas habilidades interpessoais, a coleção "Você Melhor" é o guia ideal para impulsionar sua jornada de autodescoberta e crescimento pessoal.

A coleção está disponível na Amazon e na Hotmart.

7.10 Curso em videoaulas + ebook gratuito. COMO SER UM PROFISSIONAL NA INTERNET.

No curso "Como ser um profissional na internet", elaborado com base em minha experiência, você terá acesso a um conteúdo abrangente e inspirador para aqueles que desejam se tornar empreendedores digitais de sucesso.

Este curso foi especialmente desenvolvido para quem almeja ser seu próprio chefe, trabalhando de casa e buscando autonomia financeira, sem a necessidade de grandes investimentos iniciais.

No decorrer do curso, você explorará as 19 principais formas de ganhar dinheiro como profissional online, podendo identificar aquelas que mais se adequam ao seu perfil e objetivos.

Independentemente de sua condição atual, as alternativas apresentadas foram selecionadas por sua acessibilidade e potencial de sucesso para a maioria das pessoas. Todas as oportunidades abordadas são legítimas e éticas, garantindo que você possa construir uma carreira sólida e honesta na web, sem cair em esquemas fraudulentos.

Além das opções tradicionais de trabalho online, o curso também aborda as novas profissões emergentes e apresenta 7 estratégias de planejamento fundamentais para o sucesso nesse ambiente digital em constante evolução.

Com o conhecimento adquirido neste curso e seu comprometimento em trabalhar com foco e dedicação, você estará preparado para navegar no universo online com confiança e alcançar seus objetivos profissionais de forma consistente.

Neste curso eu trago para você 51 aulas distribuídas em 11 módulos.

São 51 videoaulas que totalizam mais de 2 horas de aulas, 113 arquivos adicionais para você fazer download, 30 vídeos no meu canal no Youtube que eu recomendo que você assista e 16 livros indicados.

Tudo para enriquecer esta sua busca daquilo que fará de você um profissional bem-sucedido na Internet.

Este curso é indicado para indivíduos de todas as idades, desde jovens em busca de seu primeiro emprego até profissionais em transição de carreira ou aposentados que desejam explorar novas oportunidades na internet.

Através das estratégias e orientações detalhadas disponíveis, você terá a chance de alcançar o sucesso profissional, desfrutando da flexibilidade de horários, baixos custos de manutenção do negócio e a possibilidade de se conectar com pessoas de todo o mundo, criando uma rotina de trabalho estimulante e valiosa.

Ao adquirir os conhecimentos oferecidos neste curso, você se capacitará para ingressar em uma jornada de transformação e crescimento profissional através da internet, aproveitando as inúmeras oportunidades que ela proporciona.

O e-book "Como ser um profissional na internet" serve como um guia detalhado para aqueles que desejam compreender e explorar as diversas possibilidades de ganhar dinheiro online de maneira ética e sustentável.

Com uma abordagem prática e fundamentada, você será orientado a construir sua carreira digital de forma estruturada, enfatizando a importância do trabalho focado e consistente para alcançar os resultados desejados.

Este curso está disponível na Hotmart e na Udemy.

Para quem é esta coleção?

Portanto, se você busca flexibilidade, autonomia financeira e a oportunidade de criar uma carreira alinhada com seu estilo de vida, este curso é ideal para você. Independentemente da idade ou experiência profissional, o curso "Como ser um profissional na internet" oferece as ferramentas e estratégias necessárias para você transformar seu futuro e se destacar no vasto mundo digital.

Aprenda como ganhar dinheiro na internet de maneira honesta e eficaz, e inicie sua jornada rumo ao sucesso profissional online hoje mesmo!

Figura 73 – Curso em videoaulas + ebook gratuito. COMO SER UM PROFISSIONAL NA INTERNET.

7.11 Curso em videoaulas. GARANTA-SE NO MERCADO DE TRABALHO ATUAL E FUTURO.

O curso "Garanta-se no mercado de trabalho atual e futuro" é uma formação abrangente e essencial para quem deseja se destacar e se manter competitivo no dinâmico cenário profissional contemporâneo.

Ele aborda detalhadamente diversas habilidades e conhecimentos críticos para assegurar a empregabilidade diante das transformações provocadas pela tecnologia e pela inteligência artificial.

Conteúdo do Curso:

- Habilidades necessárias no mercado de trabalho do futuro: explora quais competências serão altamente valorizadas em um ambiente de trabalho cada vez mais automatizado e tecnológico.

- Inteligência artificial e tecnologia da informação: analisa como a IA está moldando o mercado de trabalho, influenciando desde a criação de novas profissões até a extinção de funções tradicionais.

- O futuro do mercado de trabalho: fornece uma visão abrangente sobre as previsões e tendências para o futuro do trabalho.

- Trabalho em home office: discute as vantagens, desafios e melhores práticas para trabalhar remotamente, uma tendência que cresceu exponencialmente nos últimos anos.

- O conceito de informação: aborda a evolução e a importância da informação no contexto atual, destacando como ela é gerada, compartilhada e utilizada.

- O que acontece em um minuto na internet: ilustra o massivo volume de dados e atividades que ocorrem online a cada 60 segundos, destacando a importância da agilidade e da adaptabilidade.

- Profissões em desaparecimento e emergência: examina quais carreiras estão em declínio e quais estão surgindo, oferecendo uma orientação valiosa para escolhas de carreira.

- Características humanas que garantem empregos no futuro: identifica quais atributos humanos, como criatividade e empatia, continuarão a ser demandados independentemente dos avanços tecnológicos.

- Habilidades para garantir sua empregabilidade futura: enfatiza o desenvolvimento de competências específicas que aumentarão suas chances de ser contratado, incluindo gestão de tempo, comunicação eficaz e pensamento crítico.

Infraestrutura Educacional:

- Videoaulas: o curso é composto por 32 videoaulas detalhadas que fornecem uma visão profunda de cada tópico.

- Testes: são oferecidos 4 testes para avaliar e reforçar o conhecimento adquirido ao longo do curso.

Público-Alvo:

- Profissionais em busca de aprimoramento: ideal para qualquer pessoa, com ou sem experiência, que deseje adquirir habilidades valiosas para se manter relevante e competitiva no mercado de trabalho atual e futuro.

- Profissionais em transição de carreira: indicado para aqueles que estão buscando se reinventar profissionalmente, seja em busca do primeiro emprego, de recolocação no mercado ou de oportunidades em áreas relacionadas à tecnologia da informação.

Ao completar o curso, os alunos estarão aptos a aprimorar seus currículos, aumentar sua empregabilidade e se destacar diante dos recrutadores das melhores empresas. Com as habilidades adquiridas, eles estarão mais preparados para enfrentar os desafios e aproveitar as oportunidades do mercado de trabalho em constante evolução.

Este curso está disponível na Hotmart e na Udemy.

Não perca a oportunidade de investir em seu futuro profissional e garantir sua posição no mercado de trabalho do presente e do futuro. Matricule-se agora e esteja um passo à frente na busca por uma carreira de sucesso e impacto.

Figura 19 - Curso em videoaulas. GARANTA-SE NO MERCADO DE TRABALHO ATUAL E FUTURO.

"Na vida não existem soluções fáceis; apenas escolhas éticas."

Michael Bloomberg[5]

---

[5] Michael Bloomberg é um empresário, político e filantropo americano. Ele é o fundador e CEO da Bloomberg L.P., uma empresa de serviços financeiros e de mídia, e também foi prefeito da cidade de Nova York por três mandatos.

8 BIBLIOGRAFIA.

A extensa bibliografia a seguir, que inserimos em neste livro, apesar do conteúdo aparentemente mais conciso, foram cuidadosamente selecionadas e utilizadas em meu estudo para elaborar o curso que está diante de você, contribuindo significativamente para a fundamentação teórica e embasamento prático das informações apresentadas.

Entendo a importância de respaldar a abordagem com fontes confiáveis e relevantes, e é por isso que incluí essa vasta lista de referências, que abrange uma variedade de obras, estudos acadêmicos, artigos especializados e pesquisas relevantes no campo de estudo abordado.

As referências bibliográficas estão à disposição dos leitores que desejarem aprofundar seus estudos, realizar pesquisas adicionais e aprimorar seu conhecimento sobre os temas tratados.

Essas fontes podem servir como ponto de partida para investigações mais aprofundadas, análises críticas e reflexões pessoais, enriquecendo ainda mais sua jornada de aprendizado e crescimento.

Minha intenção ao disponibilizar essa bibliografia é fornecer a você recursos valiosos e confiáveis, que contribuam não apenas para a compreensão do conteúdo apresentado, mas também para estimular uma abordagem crítica e reflexiva em relação aos temas discutidos.

Acredito que o acesso a essas fontes de informação é essencial para promover um aprendizado significativo e estimulante, permitindo que você amplie seus horizontes e aprofunde seu conhecimento de forma autônoma e enriquecedora.

Fique à vontade para explorar a bibliografia disponibilizada e mergulhar ainda mais fundo nos assuntos abordados.

Estous certo de que essas fontes serão de grande utilidade para enriquecer sua compreensão e expandir seus conhecimentos sobre o tema em questão.

8.1 Referências Bibliográficas.

ALMEIDA, Júlia (2019). Marketing de Conteúdo para Profissionais da Internet. Rio de Janeiro: Elsevier.

ALONSO, Cristina (2021). Influencers y marketing digital: estrategias para el éxito profesional. México DF: Trillas.

ANDERSON, Chris (2009). Free: The Future of a Radical Price. New York: Hyperion.

ANDRADE, Felipe (2018). Negócios digitais: como transformar seu trabalho utilizando a internet. Rio de Janeiro: Alta Books.

ANDREWS, Deborah (2016). Social Media, Digital Humanities, and the Future of Scholarship. New York: Palgrave Macmillan.

ARAÚJO, Carolina (2017). Design de carreira para profissionais da internet. Belo Horizonte: Editora UFMG.

BAKSHI, Hasan (2013). Creative Economy Report 2013: Widening Local Development Pathways. United Nations Development Programme.

BAPTISTA, Maria do Rosário (2019). Teletrabalho: um estudo sobre a profissão na era digital. São Paulo: Atlas.

BARRETO, Letícia (2018). Carreira e internet: possibilidades e desafios. Belo Horizonte: Autêntica.

BROWN, John Seely (2017). Design Unbound: Designing for Emergence in a White Water World. Cambridge: MIT Press.

CABRERA, Lorena (2019). La transformación digital y su impacto en las carreras. Bogotá: ECOE Ediciones.

CAMPOS, Renato (2020). Trabalho remoto e a transformação das relações profissionais. Curitiba: Appris.

CANO, María (2017). Trabajo y tecnología: la evolución del empleo en la era digital. Bogotá: Alfaomega.

CARVALHO, Ana Martins (2020). Profissões do futuro: os desafios da era digital. Rio de Janeiro: Nova Fronteira.

CASTELLS, Manuel (2010). The Rise of the Network Society: The Information Age: Economy, Society, and Culture. Oxford: Wiley-Blackwell.

COSTA, Renata (2019). Trabalhadores digitais: novos paradigmas e demandas. Salvador: EDUFBA.

CYRULNIK, B. (2004). Os imperativos da resiliência: elementos para uma sociologia da adaptação. Porto Alegre: Artmed.

DAVIDSON, Cathy N. (2011). Now You See It: How the Brain Science of Attention Will Transform the Way We Live, Work, and Learn. New York: Viking.

DOWNES, Larry (2014). Big Bang Disruption: Strategy in the Age of Devastating Innovation. New York: Portfolio.

DUARTE, João (2018). Economia digital e novas formas de trabalho. Porto Alegre: Artmed.

FERNANDES, Laura (2018). Crescimento profissional na era das mídias sociais. Florianópolis: Letras Contemporâneas.

FERNÁNDEZ, José Manuel (2018). La nueva profesionalización en el entorno digital. Buenos Aires: Granica.

FIGUEIREDO, Carla (2021). Profissões digitais e mercado de trabalho. Belo Horizonte: Editora PUC Minas.

FREITAS, Ana Carolina (2017). Trabalhos emergentes na internet. Salvador: EDUFBA.

GARCÍA, Luis Fernando (2018). El marketing de contenidos y su impacto en las carreras digitales. Buenos Aires: La Crujía.

GARE, Arran (2019). The Philosophical Foundations of Ecological Civilization: A Manifesto for the Future. London: Routledge.

GILBERT, Chris (2018). The Gig Economy: The End of Employment and the Future of Work. San Francisco: Berrett-Koehler Publishers.

GONÇALVES, Pedro (2019). A evolução das profissões na era digital. Recife: Editora UFPE.

GONZÁLEZ, Marta (2017). El trabajo en la era digital: desafíos y oportunidades. Lima: PUCP.

GUTIÉRREZ-RUBÍ, Antoni (2012). Tecnopolítica: La democracia digital y la nueva esfera pública. Barcelona: Paidós.

HERNÁNDEZ, Ricardo (2020). Marketing digital y nuevas profesiones. Caracas: Fondo Editorial.

HORNBORG, Alf (2017). Global Magic: Technologies of Appropriation from Ancient Rome to Wall Street. New York: Palgrave Macmillan.

JOHANSSON, Frans (2012). The Click Moment: Seizing Opportunity in an Unpredictable World. New York: Portfolio/Penguin.

KANE, Gerald (2019). The Technology Fallacy: How People Are the Real Key to Digital Transformation. Cambridge: MIT Press.

KELLY, Kevin (2016). The Inevitable: Understanding the 12 Technological Forces That Will Shape Our Future. New York: Viking.

LANIER, Jaron (2013). Who Owns the Future?. New York: Simon & Schuster.

LIMA, Tatiana Andrade (2017). Marketing digital para carreiras: como a internet transforma profissões. Campinas: Papirus.

LOPES, Mariana (2019). Economía digital y nuevas oportunidades laborales. Madrid: McGraw.

LOPES, Ricardo (2018). Profissões emergentes na era da internet. Brasília: Editora UnB.

MACHADO, Fernanda (2020). Novas carreiras e o impacto da tecnologia. São Paulo: Summus Editorial.

MARTÍ, Jorge (2021). El futuro del trabajo: tendencias y nuevas profesiones digitales. México DF: Fondo de Cultura Económica.

MARTÍNEZ, Juan (2016). Profesiones 2.0: cómo la internet está transformando el mercado laboral. Santiago: Editorial Universitaria.

MEDEIROS, Juliana (2021). Influenciadores e empreendedorismo digital: novas fronteiras da comunicação. Fortaleza: Expressão Gráfica.

MÉNDEZ, Jorge (2020). Innovación y empleo digital: nuevas perspectivas profesionales. Caracas: Monte Ávila Editores.

MENDONÇA, Ricardo (2020). Transformações no mercado de trabalho: perspectivas digitais. Manaus: Valer.

MERINO, Ana (2015). Comunicación y nuevas profesiones en la era digital. Sevilla: Alfar.

MEYER, Eric (2019). Work in the Digital Age: Challenges of the Fourth Industrial Revolution. Oxford: Oxford University Press.

MOLINA, Carmen (2020). Las nuevas formas de trabajo en la era digital. Santiago: Catalonia.

MORGAN, Jacob (2017). The Employee Experience Advantage: How to Win the War for Talent by Giving Employees the Workspaces They Want, the Tools They Need, and a Culture They Can Celebrate. Hoboken: Wiley.

NOGUEIRA, Maria (2017). Empregabilidade e internet: desafios da nova era. São Paulo: Cortez.

OLIVEIRA, João Paulo (2020). Empreendedorismo digital: inovação e sustentabilidade. Porto Alegre: Bookman.

PEREIRA, Isabel Cristina (2021). Influenciadores digitais: o novo mercado de trabalho. São Paulo: SENAC.

PÉREZ, Santiago (2019). El auge de los trabajos digitales: oportunidades y desafíos. Montevideo: Planeta.

PETERS, Michael (2017). Technological Unemployment and the Future of Work. New York: Routledge.

PINHEIRO, Aline (2021). Trabalhos digitais: novas práticas profissionais. Brasília: Embrapa.

RAMOS, Felipe (2021). Tecnología y empleo: redefiniendo las carreras profesionales. Madrid: Alianza Editorial.

RIES, Eric (2011). The Lean Startup: How Today's Entrepreneurs Use Continuous Innovation to Create Radically Successful Businesses. New York: Crown Business.

RIFKIN, Jeremy (2014). The Zero Marginal Cost Society: The Internet of Things, the Collaborative Commons, and the Eclipse of Capitalism. New York: Palgrave Macmillan.

RODRIGUES, Helena (2019). Redes sociais e profissões digitais no Brasil. São Paulo: Scortecci.

RODRÍGUEZ, Esteban (2017). La revolución del trabajo: la digitalización y sus efectos en el empleo. Quito: Ediciones Continental.

ROMERO, Luis (2020). Emprendimiento digital: Innovación y adaptabilidad en la era de la información. Madrid: ESIC Editorial.

ROSS, Alec (2016). The Industries of the Future. New York: Simon & Schuster.

SANTOS, Júlio (2016). A era digital e o futuro das profissões. Curitiba: Juruá Editora.

SAVAGE, Mike (2020). Digital Economy: Rethinking Work and Place in the Internet Age. London: Sage Publications.

SHIRKY, Clay (2010). Cognitive Surplus: How Technology Makes Consumers into Collaborators. New York: Penguin Press.

SIERRA, Jennifer (2019). El teletrabajo y su impacto en las profesiones modernas. Madrid: Pirámide.

SILVA, Maria Clara (2021). Profissão Youtuber: entre o infotainment e a profissionalização no Brasil. Revista Brasileira de Estudos da Comunicação, v. 2, n. 4, p. 215-233.

STEINMETZ, Katy (2016). Digital Nomads: How Tech and Globalization Are Changing the World of Work. New York: Time Inc. Books.

SUSSKIND, Richard; SUSSKIND, Daniel (2015). The Future of the Professions: How Technology Will Transform the Work of Human Experts. Oxford: Oxford University Press.

SWEETS, Michael (2018). New Professions in the Digital Environment. Chicago: University of Chicago Press.

TORRES, Pilar (2018). Redefiniendo el trabajo: el impacto de la tecnología y la digitalización. Barcelona: Ariel.

VILLEGAS, Adriana (2018). Profesiones digitales: el futuro del trabajo en la red. Buenos Aires: Suramericana.

WARREN, Patrick (2021). Digital Work: Transforming Business Practices and Professional Identities. London: Sage Publications.

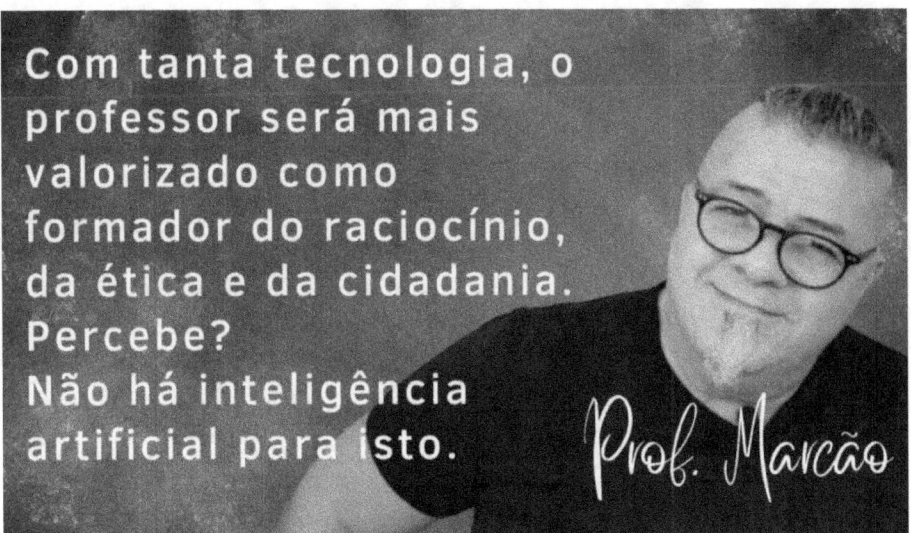

Figura 20 – Vamos valorizar os professores.

"Na vida não existem soluções fáceis; apenas escolhas éticas."

Michael Bloomberg[6]

---

[6] Michael Bloomberg é um empresário, político e filantropo americano. Ele é o fundador e CEO da Bloomberg L.P., uma empresa de serviços financeiros e de mídia, e também foi prefeito da cidade de Nova York por três mandatos.